水法精義

繼大師著

《水法精義》— 繼大師著

目錄

自序 —《水法精義》…… 四

（一）水法大數據 — 中國河道數據推算未來國運 …… 八

（二）流坑村的風水改造 — 大陽宅風水秘密 …… 十七

（三）得水為上的南水北調 …… 廿七

（四）引江濟淮之得水為上 …… 卅

（五）平陸及湘桂運河的風水 …… 卅四

（六）浙贛粵運河對香港及大灣區的影響 …… 卅七

（七）三條跨海大橋風水對香港的影響 …… 四十一

（八）中哈俄大運河的建設 …… 四十五

（九）　黑龍江中俄大橋——水法的秘密……五十
（十）《滴滴金》——楊筠松著——繼大師註解……五十三
（十一）《金口訣》〈上、中、下篇〉——目講師著——繼大師註解……五十六
（十二）《廖筠卿水法秘訣》註解序——繼大師……六十八
（十三）《廖均卿水法秘訣》——廖均卿著——繼大師註解……七十
（十四）《字字金》——蔣大鴻著——註者繼大師序……九十四
（十五）《字字金》——蔣大鴻著——繼大師註解……九十八
（十六）《黃白二氣說》——蔣大鴻著——繼大師註解……一三六
（十七）《黃白二氣說》全文意譯——蔣大鴻著——繼大師意譯……一四四
（十八）《天驚三訣》——蔣大鴻著——繼大師註解……一四八
後記——《水法精義》……一六七

自序 ——《水法精義》繼大師

在風水學中，分五大類，為「龍、穴、砂、水」，最後就是「向法」，筆者繼大師曾出版有：「《龍法精義》初階及高階、《砂法精義》一及二」，另註解《千金賦說文圖解》，範圍牽涉穴法及砂法。水法及穴法是風水學中最重要的部份，其中有山崗龍法及平洋龍法，平洋龍即是水龍，水龍除點穴之法外，最重要的，就是方位及方向，這就是風水學中之「理氣」。

古之水法以三元易盤大卦為主，真正的水法，古人並不筆錄於書，只能口傳，能寫出的，只是用比喻而已，如〈司馬頭陀水法〉，三合家視為珍寶，它其實是以廿四山說出接近之水法，這是：「不是水法之水法」，所以真正的理氣水法已接近失傳。

水法分兩種，筆者繼大師述之如下：

（一）巒頭（即形勢）—— 無論山崗龍、平陽龍或平洋龍，均以水流之流動形態為主，以彎環屈曲環抱有情為要，切忌直水及尖嘴帶火的水流，水流粗大直行者為幹水，本身是水流行龍之狀態，生氣並沒有止聚，必須要彎環屈曲，在水流所環抱之平地上，生氣凝聚其中。

其次是平地上有兩條水流相交，滙入一大主流，然後屈曲而去；又或者有多條小水流插入大主流，小水流又是斷流，這「斷流」稱為「息道」，息道與主流之間，生氣凝聚。另外一種是水流斷斷續續的在四週圍繞，中間範圍頗大，水流有來有去，有斷有連，水流圍繞的大範圍內，生氣凝聚。

這四種情況之下，生氣蓬勃，能生生不息，無論城市、陽居或陰墳，均依地方之大小而有所結作，這些都是巒頭上的水法。

(二)理氣 —— 即方向及方位，看似簡單，其實異常深奧，分出有很多派別，大致上分為：「三合、沈氏玄空飛星、三元六十四卦」，三元派別亦分出多個支派，【唐】楊筠松祖師著有《滴滴金》水法，其嫡傳弟子有江西三僚村廖金精（廖瑀）及曾文辿，廖、曾二人子孫世代相傳，其中在【明】永樂皇帝時代，有三僚村廖氏傳人廖筠卿著有《廖筠卿水法秘訣》。

元代目講師（又名：幕講師）著有《金口訣》，後由無極子傳予明末清初風水祖師蔣大鴻，是繼楊筠松祖師之後的一脈相傳，蔣大鴻著有《字字金》、《黃白二氣說》、《天驚三訣》，這些經典，均是風水學中的理氣水法，甚為珍貴。

（繼大師註：以上水法口訣秘典，會在此《水法精義》內一一為各讀者解說。）

【清】道光七年丁亥年（1827年）張心言疏解《地理辨正疏》，將【唐】楊筠松及蔣大鴻等祖師的理氣學說再次弘揚。之後有【清】江蘇省南部無錫常州市之無常派，以章仲山為祖師，近代廿世紀廣東五華孔昭蘇先生為其傳人。

清末有馬泰青先生師從李振宇地師，著《三元地理辨惑》，發揚三元一派風水學問，又有元祝垚先生，字皥農，號又元子，天津靜海會川人，著有《元空真解》，闡揚三元理氣，一時名震天津及畿南一帶。

（繼大師註：畿南，即今之海河以南、沿南運河兩岸的河北省東南部，以及山東省德州市東部地區。）

民初有廣東梅縣大埔劉仙舫師從吳清亭地師，著有《元空真秘》，其隔代傳人有吳勵生地師，傳遍廣東、台灣及香港等地，將其學説發揚光大。

（繼大師註：《地理辨正疏》、《三元地理辨惑》、《元空真秘》書籍已於2021年至2022年間由榮光園有限公司出版。）

此書《水法精義》首先説出〈水法大數據〉的重要性，亦有楊筠松風水祖師所修改董氏族人聚居地——流坑村的河道改造方法；再來七篇，述説我國國內運河的改造、建造橋樑及南水北調等工程，對中國未來國運的影響深遠，為風水中的巒頭部份。

最後八篇文章，註解古代風水名家水法秘要，是極為罕有的作品，其中三僚村廖氏傳人廖筠卿著《廖筠卿水法秘訣》極為罕有，不見於坊間風水書籍中，後段文章，全是水法之精華，為風水學上的理氣部份，祝願各位讀者讀後能有所得着。

繼大師寫於香港明性洞天

癸卯年仲夏吉日

（一）水法大數據——中國河道數據推算未來國運

繼大師

近幾年來，世界各地流行大數據分析，尤其是中國，發展迅速。中國大數據始創人馬曉東依着全中國人民生活習慣，他們的喜好及平時起居生活所需的物品等，都加以記錄儲存在數據庫內，然後將他們所喜愛的品牌，分析數據後再傳送給製造商，使製造商按他們的需要依數據的數量製造產品，不致於「有貨無人買，有人賣不到貨」，甚至新冠疫情的個人健康黑碼數據，亦是他倡議而成的。

中國的公路通常都會安裝閉路電視，高速公路出入口處安裝閃光燈相機，將每一輛汽車影相，記錄車牌及出入口時間等數據；公路有車速限制，假設時速不超過 100 公里的話，該段道路長 50 公里，車輛就會用半小時行完，若然汽車少於半小時內完成，依數據所顯示，那麼他們一定是超速駕駛，即時可以票控。

大數據亦可以用於玄學五術，以算命為例，若算命師在同一城市推算市內眾人命運，把很多個人命運數據儲存作分析，若發現有一年的干支，例如是「丙午」，若有很多人都在這一年推算出會發生凶險災難，那麼用邏輯思維去推索，就意味着這個城市將會發生大災難。例如戰爭而引致多人死傷，或是有天災人禍、海嘯、火山爆發、地震、郵輪沉沒、火車相撞、飛機失事……等。可以預早作出提示災難的來臨。

又例如香港新政府總部的建築，中間穿大孔，門常開的觀念，左右之立法局及特首辦建築向度歪斜，並不協調，前面綠色草地成三角形形煞，直插入政府總部中間大孔。

在歌和老街的邵逸夫媒體中心（Run Run Saw Creative Media Center），設計非常古怪離奇，像帆船旗杆形，三尖八角，兩棟大廈加上九龍西填海區像飛鷹的地形，鷹口對着中環的政府總部作攻擊之狀，(西九文化中心與尖沙咀的地形，像飛鷹嘴部的上下齶。) 剋應了外國勢力借港獨份子搞亂香港的治安，及孕育出黑暴記者。

之前政府在 2018 年 9 月 4 日起啟動西九龍高鐵車站，鐵路把鷹嘴劏開，但此煞氣仍然揮發出來，動亂約一年後，《香港國安法》於 2020 年 6 月 30 日獲得通過，使香港漸漸回復平靜。這黃傘運動事件發生後，剛好發生新冠疫情，救了香港，否則後果不堪想像。

原來天災人禍發生之前，在地形上會出現變動，香港政府新總部建築物及歌和老街邵逸夫媒體中心的ㄑ型設計相繼出現，當這些壞風水一展示出來的時候，就是暗示將會有災難發生，若能把這些數據收集，記錄下來分析，預先作出防範，或可把這些災害減到最低，不過知道天機的人有幾多呢！

中國古人以夜觀星斗法，去預測國家將來的命運，相信這種學問已失傳久矣，但是，我們學習風水學問，以觀察每個國家在多項大型水利建設工程作出重大變動時，就知道這個國家未來國運的衰旺。以中國為例：

(一)「南水北調」工程計劃 — 定為東、西、中三條線路，水路由南至北上，連接長江、黃河、淮河和海河四大江河，分三個階段實施，為期 50 年規劃，

漢濟渭工程為陝西的南水北調工程，橫跨長江、黃河。漢江水經由黃金峽水庫揚高，送至黃三隧道，匯聚到三河口水利樞紐壩後，匯流池中，送到秦嶺隧道，流入渭河流域關中地區。工人用了八年時間

打通秦嶺隧道，全長98.3公里，穿越秦嶺，水流由陝南入陝北，預計在2025年開通水道，解決了中國大西北地區的乾旱，亦解決了寧夏、新疆、甘肅、陝西共四億人的生活用水。

（二）引長江水入淮河與淠河相交處 —— 淠河是淮河幹流中游右岸支流，位於安徽省西部，大別山北麓。「引江濟淮」工程的供水範圍，包括安徽省12個市、河南省2個市，組成部份包括引江濟巢、江淮運河，江水北送。

（三）浙贛粵運河水道航道網 —— 規劃中的贛粵運河，計畫連通長江與珠江，北起九江市鄱陽湖口，以贛江為河道，經南昌、吉安、萬安、贛州進入桃江，翻過分水嶺進入廣東省，順著湞水經過南雄、韶關，最終抵達廣州的珠江出海口。運河連通京津冀、長三角、粵港澳大灣區三大區域，橫跨江西廣東兩省。

（四）平陸及湘桂運河 —— 運河將長江與珠江南北串連，起點位於湘江永州蘋島，接永州蘋島至衡陽。湘桂運河主要是解決湘江蘋島至廣西西江之間的水運通道問題，在長江之中游連接珠江，打通湘江和珠江水系南北航道，給湖南創造出第二個出海口的水道。

中國又有京杭大運河、浙東運河、隋唐大運河。京杭大運河和浙東運河由北京至寧波，經天津市、河北省、山東省、安徽省、江蘇省、浙江省等省市。以洛陽為中心的隋唐大運河，北到涿州，南到餘杭，途經河南、安徽、江蘇、浙江、山東、河北。

中國是全世界河流最多的國家之一，亦已成為全世界大型水利設施最發達的國家，所建設的水壩數量近十萬座，是全世界最多，幾乎遍佈所有大江大河之中。中國在全世界前十名水電站中佔四個，包括「三峽、白鶴灘、溪洛渡、烏東德」等水電站。

中國國營企業將在西藏雅魯藏布江建造一座高五十公尺的「超級大壩」，發電量是三峽大壩的三倍；雅魯藏布江是流經印度布拉馬普特拉河（Brahmaputra River）的上游河流。

中國發展一帶一路計劃，其中倡議興建「中哈俄大運河」，中國、俄羅斯及哈薩克斯坦於2023年3

月舉行「跨里海（裏海）國際走廊」會議，修建「中哈俄大運河」，開闢亞歐新航線，中國航運可直通地中海。

計劃中的「跨里海（裏海）國際走廊」涉及的國家包括中國、哈薩克斯坦、阿塞拜彊（阿塞拜然）、格魯吉亞（喬治亞）、土耳其等國，具體線路為貨物經中國新疆出境進入哈薩克斯坦里海岸邊的阿克套港口，跨越里海（裏海）到達對岸阿塞拜彊的巴庫港，再經阿塞拜彊、格魯吉亞到達黑海港口，貨物可運往歐洲各國，互相流通。

另外還有預備興建的紅旗河，引西藏之水流入新疆，並且大量植樹綠化沙漠，還有筆者繼大師未知的，多不勝數。這所有的水利建設，並未包括全國高速鐵路、公路等人流物流的運輸交通網絡，這種種跡象，暗合風水之水法：「得水為上」。

若然把這些數據資料，用風水角度去分析，未來無論在經濟、軍事、科技、人民生活及各方面條件上都會有極大進步，必然會在世界上處於領導地位，令各國大吃一驚。

自清代乾隆皇至今，中國一直衰敗，1864 年交入上元時運，無論大三元運或小三元運都交在一運上，元運從頭開始輪轉，未給列強國家瓜分中國土地或殖民，已算是萬幸了。明年（2024 年）立春後是小三元下元九紫運開始，同時又是大三元之上元三碧運尾，中國若然仍以北京為首都，國運以下元為主，上元大三元一運煞運已過（1864 年至 1924 年為上元大三元一運，每個大三元元運 60 年。）

自小三元下元九運（2024 年）開始，中國國運進入當旺時期，將會更加強大，因國運以大三元元運計算，直至 2044 年立春之後，步入大三元元運中之中元四綠運，小三元上元一運，雖然國運會有些衝擊，但都不能阻止中國的發展。因為當元下元九運旺過後，元運並沒有即時冷卻，還有餘氣繼續延長下去。小三元元運以 1954 年「甲午」年轉為下元元運，六至九運為旺（1954 年至 2044 年），共 90 年，國運以大小三元元運同看。

當中國在小三元下元運期間，大力建設全國交通網絡，包括完善的高鐵、水利、運河、水資源、堤壩、AI 人工智能、半導體、潔淨能源（太陽能、風能、電動車）、綠化沙漠，大量發展並製造軍艦、戰機、導彈、激光雷射武器、海陸空無人武器、太空火箭、衛星、北斗定位系統……等，包羅萬有。

這些所有建設及國家的發展，同時可以留下至上元元運而繼續伸延，過去 40 年來，中國使全國 7.7 億人民脫貧，佔同期全球減貧人數近 75%，創世界奇蹟。

任何一個國家的興盛，都離不開水流，正是易經所說的：

「天生一水。地六成之。」

歐美國家愈是壓制中國發展，中國愈是努力突破封鎖，開創自己發展的道路，就是易經所說的：

「君子以自強不息。」

中國在廿世紀已經過最窮困的時代，適逢世界時運有所轉變，由窮困到極點，變為發展中的國家，就是易經所說的：

「否極泰來」。

這就是：「天時」也。

以上所說的建造運河、水流的改建、南水北調，這種種跡象，暗合吉祥風水水法，就是「地利」也；若然依此「水法大數據」加以分析，就會知道中國未來的吉凶。

雖然不是完美，還有人為因素及人民素質等問題，但以「天時、地利、人和」來說，已經佔了三分之二。

現在正發展一帶一路，中國成為世界經濟的火車頭，只要沒有被其他歐美國家絆腳跌倒的話，這「不倒」就是「成功」。以中國對各國外交的互利、平等、相互尊重及對等政策來說，在未來，全世界是霸道與王道的較量，《孫子兵法》云：**「好戰者亡。」**中國的王道主義，必然領導全世界，我們拭目以待。

《本篇完》

（二）流坑村的風水改造 —— 大陽宅風水秘密

繼大師

位於江西省樂安縣的西南方牛田鎮南部的烏江之畔，有「千古第一村」之稱的流坑村，四面環山，羅城緊密，村建於五代南唐昇元年間（937 — 943），已有千多年歷史，為西漢大儒董仲舒後人董合開村立城，全村以董姓為主。

筆者繼大師於二〇一四年四月底考察時，當地導遊介紹，說董合立村時，位置居於現址烏江對面的東北方處，他聘請後唐國師楊筠松先生看風水，其徒弟江西于都的曾文辿亦一同前往堪察。

據說楊公在此村住了兩年，受到董氏族人熱情的款待，他為董合夫婦及其長子董楨夫婦點取四個吉穴，並在此村的風水設計上，作出決定性的修建：

（一）首先楊公建議將在東北方的村（白玉堂）搬到烏江的西北岸中間的平地上，即「白茅洲」現址。

（二）規劃了全村立「子午卯酉」四正之向度，包括村內的路、巷向度，如唐之洛陽、西安及現代美國多個大城市等之定局立向。

（三）最重要的改善風水工程，就是原本烏江由南向北而來，至村之東北面，直接穿越了北面最近村落不高的橫長木形山丘側旁而去，此山丘正是流坑村的北面靠山，楊公命他們在橫長木形山丘之南面腳下，依山丘的方向，由東向西，掘了一條與烏江相若大小的深坑，將烏江水引入坑中，繞過整條村經東北面，由東向西，經過村的西北角，再向北方而去，因掘坑道改引烏江水流，所以被命名為「流坑村」。

以上三個風水修改重點，把流坑村的地理環境，徹底改變，可謂物盡其用，這就是大陽宅風水開村立局的最高心法，楊公把水道改變後，因為水繞橫過村的北面後，水流向羅盤廿四山中的「庚」方去，在方位的理氣上，與村中的烏江水由南向北走，方向不合，犯了兩水交戰的元運煞水。

因此，在整條村的出水口處，不知是否楊公的意思，竟然建了兩座小廟宇，一座觀音廟，另一座是龍王廟，廟上牌匾寫上篆文字樣，兩廟並排，距離約十多呎，一同背靠後方山丘，面向改道後的那節烏江向西流（廿四山庚向）的水流，廟宇坐申向寅兼庚甲，逆收那節來水，又把新掘的水流給鎮壓住，廟宇又有關鎖水口的功能。

楊公並寫了一句風水偈語留給村民，曰：**「若是水流庚。仍是好流坑。」**

這只有負責任的風水明師才能這樣做的，這表明風水上有少許瑕疵，以廟宇作用神去制煞，但仍然可以使用。後來楊公又有預言將來的詩句，曰：

「陽星日月峽相隨。文武狀元歸。端正飛鵝頭上生。金殿玉階行。代代富貴不窮寒。亥上一峰。明月樓台。董氏子孫。功名百世。」

又曰：**「賜緋賜紫一百人。三百綠袍玄息着。兒孫累世享官榮。與國齊同如山岳。」**

流坑村位於江西省樂安縣牛田鎮，是贛州中南丘陵的北段境內小盤地，背靠「于山」山脈西北山下的金鼓峰，流坑村的地形很特別，它四週群山環繞，東西方山嶺多峰重疊，西面群山略遠，山脈漸低而來，是村的來龍山脈，近方山勢多有略矮的山丘，遠方山勢則愈遠愈高，為村的主要羅城守護山脈。

流坑村本身處於平地上，南北長，東西短，東面就是烏江，烏江又稱牛田河，烏江由南向北流，把西面的來龍脈氣盡止，村之南面遠處，左右有橫長的山脈作龍虎，中間是平地，為來水口，水流由中間遠方凹處迂回而來，剛好流到流坑村的範圍內，這節水流是午方來，子方去，楊公把水流改道後，把整個村落的風水徹底改變。

楊筠松風水祖師生於公元 834 年，45 歲遇黃巢作亂，入瓊林寶庫取得風水秘笈，唐天佑三年公元 906 卒，時年 72 歲，楊公晚年隱居於江西興國縣梅窖鎮三僚村，著書立說，並教授風水。

三僚村在流坑村的東北方，約一至兩個小時車程，與三僚村相距不遠，流坑村在贛州市的東面，不到一小時車程，是楊公晚年的活動範圍。

流坑村相傳是建於五代南唐昇元年間（937 — 943），與楊公的年代有出入，理應是公元 890 年至906年之間由楊公指點建村，至937——943年間而逐漸形成，整條村為子午卯酉四正向，由南唐到宋、元、明、清，出了很多文人及官員，有美譽為：

「一門五進士。兩朝四尚書。文武兩狀元。秀才若繁星。」

村內有五帝廟，為坐「庚」向「甲」之貪狼卦運，白虎方側，有一古舊木屋，坐「酉」向「卯」，正是曾蔭生狀元的地方，名：「狀元樓」，正收前面東面秀峰。北宋時代，重文輕武，大開科舉，為取仕途之路，流坑村的董文廣先生，發展家族私塾，開拓教育之路，招攬四方名儒來此村執教講學。

在宋仁宗景佑元年（公元1034年），時值大三元之五運，小三元之四運，董氏一門有五人（董洙、董汀、董儀、董師道、董師德）同時中進士，故有題上「五桂齊芳」的紀念牌坊。亦出現過「六子、七子聯科」的盛況。到元代（約1279年間）遇兵災，時值大三元之九運，小三元之七運，全村部份被毀。

到明、清兩朝，村中有學識之人，在村內辦學校，書屋精舍，明朝有26所，清增至28所，全村曾出文、武狀元各一人，進士34人，舉人78人，並發展竹木貿易。筆者繼大師在考察期間，當地導遊指著一間房子說，這是現在全村的首富，是做木材生意的，屋坐南向北，午山子向，正是父母卦運。

在明代中葉 1562 年，從南京辭官回到流坑村的刑部郎中第廿二世祖董燧先生（1503 — 1586），帶領族人，用了將近廿年的時間修建了流坑村的風水，並重新規劃，首先在村子的西南方挖掘一水塘，名「龍湖」，然後引烏江水入湖中，環抱村子，又可作為護城河，更可作灌溉農耕之用。

之後並重新規劃村內的巷子，把原來密如蜘蛛網的小巷，改成七橫（東西向）一豎（南北向），八條較闊的街巷，整個村子形成「七橫一縱」的形狀，每條巷口都對着東方的烏江河岸，為卯向，又建設一個碼頭，供運輸用途，亦于村外牆門樓建守護台，像是一個小城池。

筆者繼大師在考察期間，見其中一條較大的橫巷，頂有守護台，台下是巷的入口，門口正向東面的山巒及右倒左的烏江水，導遊說，以前凡考中任何科舉及功名的村人回鄉，都經過此路口入村，是衣錦榮歸之路，此入口正收東面的特朝山峰，此門樓是特別為風水而建做的。

到了民國初期廿世紀約二十年代，北洋軍閥孫傳芳部隊，焚毀了董氏大宗祠「敦睦堂」，只剩下花崗岩石柱，連帶村北靠近北面人工開鑿的流坑村的一整排村屋，燒個精光，幸好未有造成嚴重破壞，全村得以保存，正應了流坑村楊公暗藏提示的玄機，就是：

「若是水流庚。仍是好流坑。」

時值大三元二運之小三元四運，正是此節流坑村的煞水影響所致。

現時屋子已經重建，但「敦睦堂」仍然荒廢，如北京的圓明園一樣，遺址供人們觀看。筆者繼大師亦同時考察了流坑村東北方山丘上數個墳中的其中一結穴，當行到烏江橋上中間時，見一老伯走出村中，手推着一車用紅、白、藍帆布袋覆蓋的物體，從後方走上，突然在烏江橋上中央，推了那個東西入烏江內，推測是垃圾，相信不只一次。

長期以來，相信有無數的垃圾被丟到烏江內，必有一天，令烏江淤塞，可能令至改道，長久以往，必影響風水，國民教育是最重要的，破壞了自己的風水還不知呢，真的可憐！

因為時間關係，只停留一天考察，中午筆者繼大師一干人等，在村西北邊緣一戶民宅飯店吃飯，多人不慎吃了地溝油，包括筆者及數人等均不適，晚上忽冷忽熱，全身無力，痛苦不堪，吃過藥後，較為好些，真是不幸中之大幸。

所以除風水好之外，最重要的還是要受德育的教導，若是福份享盡，風水必然遭到破壞，互為因果。

無論如何，流坑村是風水愛好者必須研究的地方，一般人不易看出此處的風水特徵，一定要明師講解，才可了解其中秘密，否則所有人都是國師了。

《本篇完》

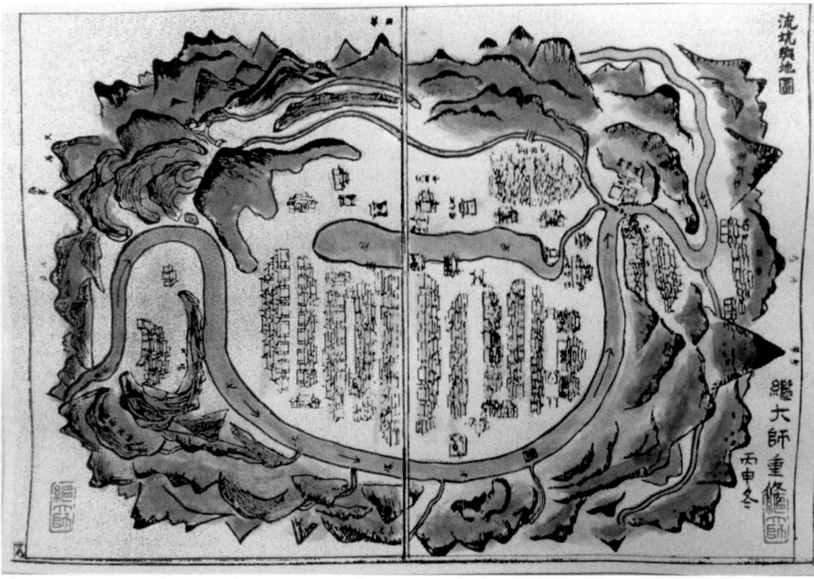

流坑村古堪輿圖

流坑村地圖

繼大師註：流坑村處於平地上，四面山巒環繞，南北長，東西短，地形垣局，像縮細了的西安市，烏江水流由南向北去，人工開鑿的流坑，從北面繞過村底後，再往北方而去。南方來水綿綿不絕，逆收烏江。所有村屋，大致上都是南北向，居者之中，現有一位從事木材的商人，成爲當地的首富。

流坑村入口牌坊上書：千古第一村，
下方書：人傑地靈。

流坑村內的烏江

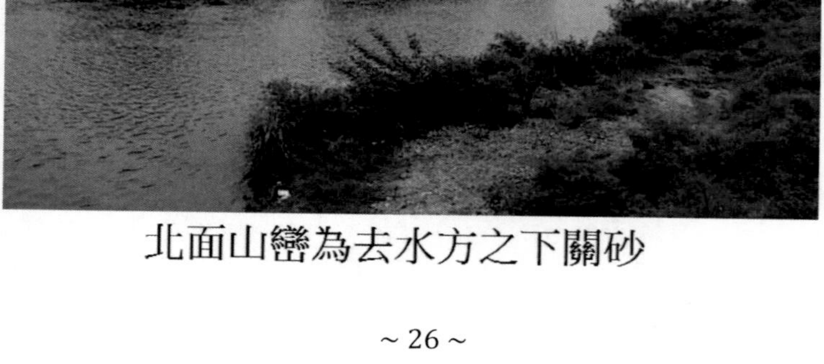

北面山巒為去水方之下關砂

(三)得水為上的南水北調

繼大師

在廿一世紀的中國北方，食水資源長期不足，近代專家研究了數十年，終於在 1995 年達成了「南水北調」的工程計劃，定為東、西、中三條路線，水路由南至北上，分別從長江流域範圍調水，同年東線工程啟動，次年（1996 年）中線工程開工。

南水北調工程通過三條調水路線，連接長江、黃河、淮河和海河四大江河，分三個階段實施，為期 50 年規劃，逐步增加調水量，至 2050 年計劃每年調水將達到 448 億立方米。

東線工程從揚州處抽調長江水，加建河道與京杭運河平行而逐級抽調江水北上，連接洪澤湖、駱馬湖、南四湖、東平湖以作蓄水，以調節北上的輸水，設立 13 個梯級泵站，用 160 台大型水泵泵水。水道貫穿黃河到天津，另一水路向東輸水到膠東半島，東線工程達十年，已於 2013 年 10 月正式通水。

中線工程是從位於長江支流漢江上游的丹江口水庫引水，從河南南陽的淅川陶岔渠首閘出水，沿途跨越長江、淮河、黃河、海河四大流域，經漢江中上游、華北地區之河南、河北，至北京頤和園團城湖，全長 1277 公里。由於避免黃河淤土的阻礙，在黃河底部開鑿兩條長 4. 25 公里的隧道輸水北上，建設專用的自流方式供水渠道，沿途供水，於 2014 年 12 月正式通水，工程歷時 9 年完成。

西線工程主要是在長江上游通天河、支流雅礱江和大渡河上游築壩建庫，開鑿穿過長江與黃河的分水嶺巴顏喀拉山（5266 米高）的輸水隧道，調長江水入黃河上游，巴顏喀拉山脈是長江與黃河上游起源流域的分水嶺，等於將長江與黃河上游連接起來，打通了中國兩大水系的經脈。

雖然南水北調會帶來很多問題，如水位淹沒沿岸地區，湖北、河南兩省約三十多萬居民需要搬遷及轉變謀生方式，重新分配耕地，政府支付搬遷、土地、房屋等各項補償款項等。

但是建造人工水道及河道輸入食水而作南水北調，三條水道全部入於北京頤和園團城湖，筆者繼大師發覺無意之間暗合風水，這真的是：「得水為上」啊！

若然中國首都仍然在北京，將來還未遷都的話，這意味着中國未來一定會成為世界上一個強大的國家，國運昌隆。

另外有紅旗河工程，構思是從雅魯藏布江中游開始，沿著青藏高原的邊沿，接通中國大江大河上游，全程自流，輸水至寧夏、甘肅、內蒙古、新疆等缺水地區。預計年調水量600億立方米，相當於黃河的每年流量。

同時西藏與近鄰國南面邊界附近又建了四百多個堤壩水庫，蓄水發電，儲蓄水利資源，把大量水流生氣關鎖着，生氣凝聚則財生，意味着未來西藏地區將會逐漸富有起來。

不過紅旗河隱藏着一個很大的天機秘密，有好有壞，一言難盡，會影響中國未來國運。若然紅旗河在接近黃河之一段範圍內，建一支流，接駁到黃河上游，打通全國經脈，這樣就可以把不良的影響，減至最低。

中國修造這種種水道、河流、堤壩的建造，不意之間，暗合國運，未來中國人的財富均勻發展，減少貧富懸殊，人民收入增加，國民富強，無可限量。

《本篇完》

（四）引江濟淮之得水為上

繼大師

在大都會城市、縣市、市鎮、鄉邑，或是人民聚居之地，除食物供應充足外，首要條件是水源充沛，得水為上，其次是藏風聚氣，則符合吉祥風水的基本原則。水為生命之源，凡國家建設河道水利，必能利益居住的人，水流帶動生氣，故有水為財之說。

二〇一六年尾，安徽、河南兩省調配供水資源，發展江淮航運物流，加速經濟增長，正式興建水利工程，引長江之水入巢湖及淮河，使城市、鄉村有足夠的供水，緩解皖北（安徽省）及豫東（河南省）地區水資源的短缺。

首先引長江入淮河航道與淠河相交處（淠音呸，古稱「沘水」），淠河是淮河幹流中游右岸支流，位於安徽省西部，大別山北麓。引江濟淮工程的供水範圍，包括安徽省 12 個市、河南省 2 個市，組成部份包括引江濟巢、江淮運河，江水北送。

引長江水入淮河工程浩大，供水範圍涵蓋安徽省 12 市和河南省 2 市，共 55 個區縣。其中，安徽省有亳州、阜陽、宿州、淮北、蚌埠、淮南、滁州、銅陵、合肥、馬鞍山、蕪湖、安慶12個市46個縣(市、區)，河南省有周口、商丘2個市9個縣

引江濟淮工程河南段初定路線：

(一)從河南省周口市鄲城縣南豐鎮十河村附近進入河南境內。

(二)從安徽亳州市境進入河南周口市鄲城縣，利用現有的清水河河道從鄲城縣東北部邊緣穿過，在李牌坊附近進入周口市鹿邑縣。

(三)利用清水河河道將水輸送至試量調蓄水庫，利用鹿辛運河自流至後陳樓調蓄水庫，通過壓力管道向北輸送，在梁樓寨附近穿越惠濟河進入商丘市柘城縣，東邊是蘇州。

(四)通過壓力管道將水輸送至柘城縣城區東北七里橋調蓄水庫，經七里橋加壓泵站加壓後繼續向北輸送，在鐵佛寺附近進入商丘市睢陽區。(睢音需。)

（五）後通過壓力管道向北輸送至睢陽區運河，經運河河道流入商丘古城城湖，然後通過管道向商丘市梁園區供水。

2022年9月底將實現試通水，12月底將會試航，自此長江和淮河的河道相連，必能帶動經濟。凡是有遠水長來滙集的地方，必定生旺，水走的地方，多必敗。歷代中國改變河道後，國家必會產生巨大變動。

如隋朝隋煬帝建運河，以洛陽為中心，由公元584年向西開鑿到西安的廣通渠，603年開鑿經山東臨清北上至河北涿郡的永濟渠，605年向南開鑿到江蘇清江的通濟渠、山陽瀆，公元610年連接江蘇鎮江和浙江杭州的江南運河，全長兩千多公里。

運河建成後八年（618年）因隋煬帝楊廣施行暴政，不得民心，後在江都被叛軍所殺。隋朝以洛陽為中心，因河道水流由西向東行，水流走洩之虞，亦可打通東西兩地貿易，這是先敗後旺的格局，更造就了下個朝代「唐朝」的興盛，這一切都並非偶然，改變水流，配合地運，是國家興盛及衰敗的原因，似乎一切都有定數。

唐代之後，造就了浙江杭州因運河生氣之帶動，經濟繁榮，明代建都南京，亦受俾益，至清代江南更為繁榮之地，引致乾隆皇下江南遊玩，旺極一時，這莫不與這運河有關。但楊公曾言，金陵下關空蕩，氣運不能長久，故不宜作首都。（註：金陵城是五代十國的楊吳、南唐政權在金陵府，後改江寧府，在今江蘇省南京市。）

南京雖是長江盡結的大城市，但下關水流較短，屈曲彎環的範圍不夠綿長，且沒有山丘及小島作關攔，直至長江出口處，始有崇明島作水口砂。南京城東北面有玄武湖，北面及西北面是長江，當行至煞運時，便有屠城之災，如公元 1937 年之南京大屠殺，正是水流行至煞運之時。

河道的修造，對於國家的興盛及衰敗，有着重大的影響力，不可忽視。今引江濟淮工程供水範圍涉及皖、豫兩省，其中安徽省涉及 13 個市，46 個縣，惠及四千多萬人，緩解皖北及豫東地區水資源短缺，疏通江淮航運，改善巢湖和淮河流域，風水學之中之**「得水為上」**，為興旺的原因。這引長江水入巢湖及淮河的工程，使水流河道、湖泊串連，生氣蓬勃融和，這使中國將來更加興盛強大，未來主導世界，指日可待。

《本篇完》

（五）平陸及湘桂運河的風水

繼大師

廣東省之西面為廣西省，為中國西南地區，全省是山區，大山大嶺綿連，是廣東省來龍之地，並沒有廣東省那樣富庶，全省沒有南面出南方大海的港口，大部份倚賴內陸運輸，經濟較廣東遜色。

現時中國廣西省計劃興建內陸人工運河，連接附近河道，打通水路運輸通道網絡，名「平陸運河」，可由廣西省直接通往南海的一條出海通道，全長約 140 至 162 公里，於橫縣西津水庫的平塘江口為起點，然後沿沙坪河向南跨越分水嶺，經靈山縣陸屋鎮入欽江，南下至欽州沙井出海。

運河大部份都是在現有的沙坪河和欽江進行改造，主要在江口與欽江之兩處水源源頭中間之分水嶺，開挖約六公里半的人工河道。

平陸運河始於南寧橫州市西津庫區平塘江口，經欽州靈山縣陸屋鎮沿欽江進入北部灣，航道以三千噸級船舶之標準航運建設，並兼顧供水、灌溉、防洪及改善水生態環境等。整個運河全程由北向南落差六十米，若建成後，南寧經平陸運河由欽州港出海距離僅 291 公里，比經廣東出海縮短 560 多公里，因此會截去廣東省的部份生氣，平分兩省的經濟效益。

長江與珠江均由西向東行，將規劃興建湘桂運河，將長江與珠江南北串連，起點位於湘江永州蘋島，接永州蘋島至衡陽。初步研究，提出了三條線路走向，分別是東一線 —— 江永平樂方案，東二線 —— 江華賀州方案，西三線 —— 興安古靈渠方案。

湘桂運河項目建設主要是解決湘江蘋島至廣西西江之間的水運通道問題，在長江之中游，由長江連接珠江，打通南北航道，擴建並打通湘江和珠江水系，給湖南創造出第二個出海口的水道。

位於廣西桂林市興安縣境內有湘桂運河、興安運河（又名陡河），位於廣西桂林市興安縣境內，是世界上最古老的運河之一，溝通長江水系的湘江和珠江水系的灕江，自古以來是嶺南與中原地區之間的水路交通要道。

表面上是改建運河，發展水路運輸經濟，實際上對風水的影響很大，水流帶着生氣，打通湖南及廣西南北地區，至欽州港口出口，勢必與多個外國城市建成巨大的經濟體系，水為財，暗合吉祥風水原則，預計 2035 年建成，到時中國國運更加昌隆，全民會漸漸均勻地富起來，中國在世界的地位，必取代美國。

一個國家國運的興衰全賴水陸交通網絡，水路運輸為河道及運河，陸路則以高鐵及高速公路網為主，全國交通網絡一旦打通，經濟漸漸發達，減少貧窮人士，全國大部份人民進入中產階層，未來可見。

中國提倡一帶一路的構思，不單止令全國經濟發展增長，更促進參與一帶一路的國家，建立基建運輸網絡，推動全世界的經濟。中國雖然較西方國家發展遲，但這廿多年來發展神速，西方愈是打壓、封鎖，中國愈是進步，《易經》說：

「君子以自強不息。」

身為中國人也值得驕傲，但願中國在全球的促進和平方面，作出貢獻，使霸權國家熄滅，走向人類世界共同體，成就烏托邦的大同世界。

《本篇完》

（六）浙贛粵運河對香港及大灣區的影響

繼大師

最近幾年，香港經歷一波又一波的厄運，維多利亞內港水走東南「辰巽」方，至上元二〇四四年交大三元中元四運之小三元上元一運，水口逢照神煞運，本來並不是好事，但筆者繼大師偶然讀到一則大喜的新聞，說中國浙江省、江西省及廣東省計劃聯合興建**「世紀水運工程浙贛粵運河」**，貫通長江和珠江水系。自明代皇朝已曾構思過，民國孫中山先生在建國方略中亦有提及，直至現在，計劃始開始執行。

運河以浙江、贛州、廣東省三省之河流所串成，及加上兩段用人工修造的運河，由贛粵運河、浙贛運河所組成。浙贛運河東起浙江省杭州七堡，西至江西省信江褚溪河口，經錢塘江、蘭江、衢江、常山江，在衢州市常山縣上蔣至江西省玉山縣段跨越分水嶺，經信江過上饒、鷹潭等縣市注入鄱陽湖後而進入長江，長度為 767 公里，江西境內 410 公里。

後再穿越九江鄱陽湖、贛江幹流，經南昌、吉安、贛州入桃江，預算以人工挖掘河道，在贛州信豐縣穿越贛粵兩省。此段須貫穿兩省的分水嶺山脈，到達廣東境內湞水，經南雄到韶關北江，贛州至廣東韶關段三級航道達至364公里，最終抵達廣州珠江出海口，連江西境內758公里，總長度約1988公里，項目建成後將打通錢塘江、贛江、珠江三大河流流域，連接長江三角區與粵港澳大灣區兩大經濟圈。

這個水道航道網，連通京津冀、長三角、粵港澳大灣區三大區域，橫跨江西廣東兩省。但亦有人反對，認為打通贛粵運河，將會使鄱陽湖水系的生態環境造成影響。不過據研究所得，營建人工運河利多於弊，增加水上物流運輸，將採用千噸級船舶的規劃，預測浙贛運河開通後，貨運量約為兩千五百萬噸，打通浙江、贛州、廣東省三省的水上貨運網絡，達到更好的經濟效益。

在風水學理上來說，以「得水為上」，這浙贛粵運河，由長江入九江鄱陽湖，由鄱陽湖起，把近二千公里水流的生氣，帶至虎門珠江口出伶仃洋而至南海。隨著浙贛粵運河的興建，加強珠江、東江、北江之流量，真的是「得水為上」了，大灣區應運而生。浙贛粵運河與大灣區的構思，不論誰先誰後，兩者自然配合，真相應了國運昌隆之象，豈非天意！

大灣區經濟特區和珠江口西岸核心城市，是粵港澳大灣區的涵蓋城市之一。大灣區的範圍，包括「珠海、深圳、東莞、廣州、佛山、江門、肇慶、中山、惠州、澳門、香港」等地區，以珠江口一帶為中心，由東、西、南、北，向四面伸延，配合港珠澳大橋，使廣州、珠海、香港、澳門、深圳各區連成一個強大的經濟體系。

香港位於珠江三角洲地區的東南面，虎門為珠江及眾江的出水口，除西江外，東江、北江及珠江各水流均由虎門出伶仃洋而至南海，眾水出虎門後，水流由北向南流，南沙、蛇口、伶仃島及大嶼山等地，均為珠江口的水口砂，部份水流沿東涌向荃灣方向去，經藍巴海峽、汲水門，流入中環維多利亞港，逆收水神，然後慢慢流向東之柴灣，經將軍澳，出佛堂門。

而珠江口南面出口之水流經大嶼山西部而直接出南海，大嶼山西南附近之島嶼有「十二灣、四灣、南邊灣、大碌島、細洲灣、西灣、東澳灣、拉灣、洲仔灣、南灣、公洲灣、缸瓦洲灣、萬山灣」等，所有群島都位於大嶼山與澳門之間的南面，全部都是珠江口的逆水砂。

雖然香港踏入 2044 年後，內港水口行照神煞運，但這引長江之水入鄱陽湖，再連接浙贛粵運河，此源遠流長的大水流，無意之中幫助了大灣區的發展，必定能夠帶動香港經濟起飛，有起死回生之功效，更將浙江、江西、粵北之浙贛粵運河週邊沿岸地區城市，全部帶旺起來，連成經濟一體化，這計劃預計在 2035 年左右建成。

在風水學來說，香港真是風水逆轉，國運興隆而帶動了香港地運；若加上香港填海造陸計劃，並預計在東大嶼山水域填海，面積相當於半個九龍半島，預計填海工程達十一年之久。如計劃能實行，配合浙贛粵運河之發展，真是前途無量。這一切都是時也運也！

但近期（2022 年 6 月）一則消息傳來，在政府總部之香港立法會側之地方，準備作出建築物加建工程。本身的新政府總部，已經設計得非常惡劣，在風水上完全不合格，風水極凶。

即將興建的新建築物，筆者繼大師從設計圖則的顯示來看，在貼着立法會建築物東面之木形曲尺長方形建築物側，居然建造出一支三角形的建築物，其尖咀火形之煞，直插向前方，煞氣不輕，恐怕是禍不是福，擔心政府在日後在決策上，會針對民生而造成不良的影響，真的是禍躲不過，但願本人繼大師看錯，祝福香港政制發展順利而健全，能夠有效地管治香港，則是香港人的福氣，但願如此。

《本篇完》

（七）三條跨海大橋風水對香港的影響

繼大師

一個城市的興盛，在風水上來說，全賴以收得逆水為上，香港位於珠江三角洲地區的東南面，虎門為珠江及眾江的出水口，除西江外，東江、北江及珠江各水流均由虎門出伶仃洋而至南海，眾水出虎門後，水流由北向南流，南沙、蛇口、伶仃島及大嶼山均為珠江口的水口砂。

珠江流域是由西江、北江、東江及珠江三角洲諸江河等四個水系組成。西、北兩江在廣東省佛山市三水區思賢窖，東江在廣東省東莞市石龍鎮匯入珠江三角洲，經虎門、蕉門、洪奇門、橫門、磨刀門、雞啼門、虎跳門及崖門等地匯入南海。

珠江是全中國境內第四長河流，每年流量居第二，全長2400公里。珠江在廣州市內段有一洲島名「海珠石」，因而得名「珠江」。

虎門東面有東江，發源於江西贛南，上游在江西省尋烏縣大竹嶺及椏髻鉢山，下游在石龍匯入增水和綏福水後，西流至增城，從虎門注入獅子洋入南海，全長 523 公里。

虎門北面有北江，發源於江西省信豐縣油山鎮大茅坑，於廣東省佛山市三水區思賢滘與西江相匯後注入珠江三角洲，全長 468 公里，眾水相交而結廣州市，亦是南方盡龍所結的都會。

眾水流帶來大量生氣，四份之一去澳門，西江亦在澳門西面小橫琴島與三灶島之間由北向南入南海，眾水流四份之三的生氣流至大嶼山，東行部份經汲水門，部份藍巴勒海峽至荃灣然後南下，部份入西博寮海峽，部份入西環經中環至維多利亞內港，然後由鯉魚門出將軍澳、佛堂門等地。

眾多而源遠的水流帶來大量生氣，源源不絕而來，凝聚於香港眾多地域，收得逆水則主財富。

隨著港珠澳大橋的建成，使香港珠海澳門三地相連，彼此對於貿易經濟旅遊均有好處。珠江等眾江河出伶仃洋，為香港帶來生氣，在風水上來說，為「得水為上」，是經濟財富的來源。

但由於港珠澳大橋建於伶仃洋之上，由東至西，橫截了生氣，有利於大橋以北之地方，為廣州、深圳、蛇口、中山、珠海等地之人工下關砂，把出水口關鎖着。其次是港珠澳大橋把水流的生氣引導向東行，至元朗流浮山、荃灣。但大橋以南的地區，則水流生氣被攔截，影響財富。

港珠澳大橋於2018年10月23日通車，至2019年6月開始，通車不到一年，反中亂港暴動持續一年多，加上新冠病毒疫情嚴重，嚴重影響經濟，究竟巧合還是有定數，雖然新冠病毒疫情未完全過去，若疫情一旦退散，經濟旅遊很快會恢復，但香港已經元氣大傷。（現時爲2020年十一月）

在珠江出水口的伶仃洋上，未來將會建設公鐵兩用的深中通道，以深岑（註）高速公路起點段，橫跨珠江口，連接深圳市與中山市，由海底隧道及跨海公路橋所組成；西接江門，支線銜接珠海機場、高欄港及西部沿海等地，預計在2035年完工。

另有深中通道，由深圳前海至中山，將在2024年通車，另外還有一橋兩通之深湛高鐵及南深高鐵，在深中通道與虎門大橋之間，包括虎門大橋共有四道橫跨珠江口的大橋，把珠江出水口的水流生氣幾乎全攔截了，而大灣區應則運而生，正符合了大橋建設而衍生另外一個經濟區。

生氣被攔截而導致影響香港的經濟減弱，幸得浙贛粵運河的興建，可助香港經濟，但形勢必轉向大灣區，正是這四道橫跨珠江口大橋的風水作用。當全部大橋順利通車後，廣州、深圳、珠江三角洲一帶地區漸見生旺，2044 年交入上元一運，在交運前後期間，香港經濟多必依附大灣區，真的是風水輪流轉也。真是：

萬物枯榮皆有數
彼起此落路迷蒙
四橋橫跨珠江口
風水輪流轉乾坤

繼大師註：深岑高速公路，由深圳至岑溪的高速公路，簡稱深岑高速，由深羅高速公路與岑羅高速公路組成，而岑羅高速公路與包茂高速公路共用一線。

《本篇完》

（八）中哈俄大運河的建設

繼大師

國家中大部份地方的大河流、人工運河、堤壩等大型建設項目，都影響着每個國家的命運，易經中所說：**「天生一水」**，水源孕育生命，滋潤大地，每當建設運河，及人工或天然的河流改道，都會直接或間接改變國家的國運，這就是風水學上的「水法」。

中國通往歐洲的海上航道，進出多依賴馬六甲海峽，在地緣格局上嚴重受到限制，因此，有人提出，在中國、哈薩克斯坦以及俄羅斯之間修建一條新水路航線，屆時中國便可以直接從新疆通往地中海，從而打破馬六甲海峽在海道上的局限。

中國運往歐洲的傳統航線，是由中國沿岸經南海，繞過星加坡馬六甲海峽，海峽在馬來半島南面，及蘇門答臘半島之間，繞過新加坡與蘇門答臘半島之間僅僅 37 公里闊。馬六甲海峽之南北部，闊 108 公里至 370 公里，日本、韓國、中國、菲律賓、越南、老撾、柬埔寨等國家，如要將貨物運往歐洲，都要經過馬六甲海峽，故稱為「海上生命線」，美國在新加坡樟宜設有軍事基地，控制着馬六甲海峽的所有船隻。

航道過了馬六甲海峽後便向西行到印度洋，繼續向西行，經過阿拉伯海，穿過曼德海峽進入紅海，再經過蘇彝士運河抵達地中海，然後往歐洲各國，路線全長超過一萬五千公里，此為之經印度洋往歐洲之海上航線。

第二條航線由中國航運去歐洲，稱為「北極航線」，由中國沿海出發，穿越日本海及鄂霍次克海進入西太平洋後北上，穿過白令海峽入北冰洋，然後再向西行。再沿俄羅斯海岸線，一路往西去，到達北歐及西歐國家，約行程約一萬一千五百公里，路途非常遙遠，比起經印度洋和歐洲的航線縮短了十天時間。

雖然這樣，但航線大部份時間經過北冰洋，海上環境惡劣，加上天氣限制，夏天也要用破冰船開路，大部份時間北冰洋會結冰，大量的冰山及厚厚的冰層障礙航道，即使用破冰船，冬天也無法航行，這條航線是於 2022 年由俄羅斯提出開啟的。

因此中國、俄羅斯及哈薩克斯坦於2023年3月舉行「跨里海（裏海）國際走廊」會議，修建「中哈俄大運河」，開闢亞歐新航線，中國航運可直通地中海。

中國與哈薩克斯坦及俄羅斯等國家，計劃興建「中哈俄大運河」，新疆的「客爾齊斯河」，是唯一一條河流流出新疆後經俄羅斯、哈薩克斯坦的好普洛達爾市，最終注入北冰洋的。

額爾齊斯河由中國新疆阿爾泰山南坡開始，向西北進入哈薩克斯坦的布赫塔爾馬水庫，再向哈薩克斯坦東北部，並匯入鄂畢河然後穿越俄羅斯入北冰洋。

這條河道曾於一百年前，清政府以這條航道與俄羅斯通商貿易，上世紀60年代這條航道亦非常繁忙，後來河道破廢，不久哈薩克斯坦在額爾齊斯河上遊地帶建設了齊桑湖水庫及三座發電站，後來韓國貨輪也曾使用這條航線貨運到哈薩克斯坦東北部的巴甫洛達爾市，證明這條航線是可行的。

若將客爾齊斯河整治，使河流成為可運載貨物的運河航道，就可直接通往北冰洋，縮短約數千公里路程。

另外有計劃興建一個亞歐大運河，修北疆運河連接額爾齊斯河、鄂畢河進入北極圈巴倫支海，北疆運河從烏魯木齊往北上到福海。歐亞運河是一個提議中連接黑海和裏海的運河，運河計劃通過庫馬——馬內奇盆地，該運河比較伏爾加頓河運河航道的距離更為短。

中哈俄大運河分為三段：

第一段——新疆的「客爾齊斯河」段——橫跨中國新疆，出哈薩克斯坦。

第二段——人工運河段——再經俄羅斯，貫通「中、哈、俄」三個國家。

第三段——西出南達段

從布爾津縣老碼頭算起，運河工程長達3800公里，計劃中的「跨里海（裏海）國際走廊」涉及的國家包括中國、哈薩克斯坦、阿塞拜疆（阿塞拜然）、格魯吉亞（喬治亞）、土耳其等國，具體線路為貨物經中國新疆出境進入哈薩克斯坦里海岸邊的阿克套港口，跨越里海（裏海）到達對岸阿塞拜疆的巴庫港，再經阿塞拜疆、格魯吉亞到達黑海港口，運往歐洲各國。眾多歐洲國家，亦可將商品運回亞洲，增加貿易額，使經濟旺盛。

雖然有如此的計劃，但在實行方面，中、哈、俄三國必須克服建造運河的困難，因地勢環境複雜，打通河道，並非易事，更需要長久時間努力，工人必須克服在苛刻的環境下工作，筆者繼大師相信中、哈、俄三國必定會完成這項工程。但阿塞拜疆、格魯吉亞等東歐國家，在建造及打通運河上有一定的困難，若能跨越裏海、黑海、地中海等，貨輪能由新疆航運到歐洲各國，歐亞必然經濟蓬勃起來，對世界歐洲各國都有極大益處。

但亦會因為政治地緣關係，及國外勢力影響，可能會障礙此項計劃，有些霸權主義國家，憎人富貴厭人窮，妒忌心起，少不免會製造事端，分裂參與的國家，挑撥離間，企圖破壞此計劃。若參與的國家能團結起來，互相合作，必定令歐亞各國經濟蓬勃，人民生活水準提高，但願中哈俄大運河建設成功，成為建造全人類共同體的開端，祝願早日建成。

《本篇完》

（九）黑龍江中俄大橋 — 水法的秘密

繼大師

黑龍江是中國四大河流之一，俄羅斯稱之為阿穆爾河，是位於中國東北部，乾流由石勒喀河與額爾古納河匯流形成，經過黑龍江省北界與俄羅斯遠東聯邦管區南界，之後流向東北方，穿越哈巴羅夫斯克邊疆區，最終流入韃靼海峽（韃靼海峽在日本海札幌之北），河流長 2824 公里，若以海拉爾河為源頭計算，則總長度約 4344 公里，若以石勒喀河為源頭計算，則總長度 4416 公里。

中國黑河市與俄羅斯布拉戈維申斯克之間以黑龍江為分界河，黑龍江又稱黑河，兩國對岸均是大城市，中國為黑河市，俄羅斯為海蘭泡，兩地建公路連接中俄大橋橫跨黑龍江，橋型為斜拉橋，全長 1.3 公里。

大橋起點位於黑龍江省黑河市愛輝區長發村，終點位於俄羅斯阿穆爾州布拉維申斯克（海蘭泡）卡尼庫爾干村。這是中俄之間首座跨國公路橋樑。由 2016 年尾至 2019 年尾完成建橋工程，並於 2022 年 6 月 10 日通車。

在一般情況下，河流的去留及其方向非常重要，影響很大，這裏有一個水法的秘密，筆者繼大師公開如下：

水流的開始就是源頭，生氣隨着水流飄浮而去，所以稱為「窮源之地」，水流流入中游及下游地帶，水流源頭的生氣，會隨着水流流走，經中游及下游地區，遇上水流曲折彎環的地區，則生氣蓬勃凝聚，可能發展成一個河流沿岸的城市，再至海口出大海。

河流沿岸的城市，就如黃河唯一邊緣流域的城市 ── 蘭州，蘭州市，簡稱蘭，別稱金城，為甘肅省省會，西部地區重要的中心城市之一，為西北地區第三大城市，中國西北地區工業基地和綜合交通樞紐，絲綢之路經濟帶的重點城市，蘭州是西寧城市群中的核心城市，位於甘肅省中部，市境西北界武威市，東北接白銀市，南鄰定西市、臨夏州，西毗青海省海東市。

大河流流出大海的地方，若是海口廣闊水深，又有島嶼作水口砂關欄港口，這類的港口，多是一個貿易商港，經濟會特別強，因此這種港口，具有戰略及經濟的意義，必為國家所重視，所以在大河流出大海的水口處，近那個國家，那個國家就會擁有它，或是在世界上，在當時的形勢，那個國家強大，就會容易佔領它，這當中當然會有例外，不過這是一般的看法。

以筆者繼大師的見解，若然黑龍江流回中國境內入中國地方海域，則俄羅斯就不會侵佔海參威，水源之國，與水盡之國，畢竟是有分別。

黑龍江中俄大橋的興建，意味着中俄之間發展貿易經濟，加劇兩地貿易來往更加頻密，橫長的山脈或是闊大的河流，是界斷兩地及分出兩國的主因原因，建大橋則打通兩地經濟，兩國均得到利益，現在中國強大，必然會影響俄羅斯對海參崴港口給予中國的開放，現在已經漸漸實行，希望兩國政府繼續維持和平而穩定性的發展，共同創造美好的未來，對世界人民都有好處。

《本篇完》

（十）《滴滴金》 —— 楊筠松著

《滴滴金》原文：

一二三兮九八七。山情水意兩相合。七八九兮一二三。山情水意兩相關。
五兼乾巽兩邊推。坎離寄位八神歸。巽位屬天水收地。乾位連地水收天。
上中下各六十年。催餘一百八十全。中兼上下三元春。五百餘年掌上輪。
斷定四吉與四凶。古今來往總相同。盛而複衰補救微。隨元隨局變通之。
有緣得此號仙家。陰陽關竅不毫差。更加宮照大與小。遠近親疏法九妙。
神而明之存乎人。傳心傳眼要分明。寶而秘之勿輕洩。一漏天機靡遺子。

繼大師原文註解：

一二三兮九八七。山情水意兩相合。七八九兮一二三。山情水意兩相關。五兼乾巽兩邊推。

繼大師註：指三元九運，上元運一二三，下元運七八九，當上元一二三運卦收山，則七八九運卦收水，山水吉凶是相對的。中元四五六運，五運兼乾巽者，後天乾為六白運，後天巽為四綠運，五運前十年歸四綠運管，五運後十年歸六白運管。

坎離寄位八神歸。巽位屬天水收地。乾位連地水收天。上中下各六十年。催餘一百八十全。中兼上下三元春。五百餘年掌上輪。

繼大師註：後天坎離即先天乾坤，「八神」為上元一二三四及下元六七八九之元運。後天「巽位」在東南方，先天屬兑四，上元四運收山，下元六運收水。後天「乾位」在西北方，下元六運收山，上元四運收水。

每個元運有廿年，分上元一二三運六十年，中元四五六運六十年，下元七八九運六十年，三元共一百八十年，為一個小三元元運。滿三個小三元元運，為一個大三元元運，每個大三元元運有六十年，九個大三元元運，共五百四十年，周而復始。

斷定四吉與四凶。古今來往總相同。盛而複衰補救微。隨元隨局變通之。有緣得此號仙家。陰陽關竅不毫差。

繼大師註：八卦之中配合上元一二三四運，及下元六七八九運，四個收水吉時，其餘四個收水凶，四個收山吉時，其餘四個收山凶，所謂風水輪流轉，盛而複衰，循環不息。隨着元運之變遷而吉凶變易，又隨着穴前山水大局之變化而互相配合。

更加宮照大與小。遠近親疏法九妙。

繼大師註：「宮照」者指「宮神」及「照神」，「宮神」指來龍與坐山在同一宮內，向度與水口亦在同一宮內，則稱之為「自庫」。「照神」指合生成之宮位，但元運不合，宮位帶煞，無論卦向及宮位之大小，水流之遠近親疏，若陰陽交雜，則吉凶參半。

神而明之存乎人。傳心傳眼要分明。寶而秘之勿輕洩。一漏天機靡遺子。

繼大師註：最後說明，其最重要的，就是能得明師傳心傳眼，悟後則非人勿示，切勿輕洩天機。

《本篇完》

（十二）《金口訣》〈上、中、下篇〉──目講師著

繼大師註解

《金口訣》〈上篇〉── 繼大師註解

原文：**先天金口訣。造物忌輕論。坎離遇震巽。艮兑合乾坤。**

繼大師註：這裏說的全是山龍及水龍配合卦理的原則，尤其是水法。原文之「坎離遇震巽。」以先天卦數相配，「坎屬七」，「離屬三」，遇上「震屬八」及「巽屬二」，其數是「二、七、三、八」，四個數的關係如下：

（一）「二、七」及「三、八」均為生成之數，易經說：「**二七同途，三八爲朋。**」

（二）「二、三」合五，洛書數之中宮位是五。「七、八」合十五。洛書數中宮之五加十是十五。

原文之「**艮兑合乾坤。**」這四個數以先天卦數相配是：「艮屬六」，「兑屬四」，合「乾屬九」，「坤屬一」。四個數的關係如下：

（一）「一、六」及「四、九」均為生成之數，易經說：「**一六共宗，四九為友。**」

（二）「一、四」合五，洛書數之中宮位是五。「九、六」合十五，洛書數中宮之五加十是十五。

以上兩組之四個數，均互相相合，這正符合《地理辨正疏》（武陵出版社出版，第卅四頁）內之口訣：「**一六四九雙雙起。夬姤剝復顛顛倒。往來闔闢團團轉。卦象順逆爻爻到。**」

洛書數之九宮位，其數無論是「橫、直、斜」，其各三個數相加都是十五，如：

橫數：「四、九、二」，「三、五、七」，「八、一、六」。

直數：「四、三、八」，「九、五、一」，「二、七、六」。

斜數：「四、五、六」，「二、五、八」。

四	九	二
三	五	七
八	一	六

原文：**八卦定龍穴。水以六甲分。山中龍配向。洋地問元神。貼水與離水。皆須一氣親。**

繼大師註：八卦指先天八大宮位，亦指每個宮位內的八個六劃卦，八八共六十四卦。以八卦定來龍及穴向，以山崗龍來說，來龍要配合穴之坐山，穴向要合水口，數要合，又要不出卦，始為正確。水之「六甲」即「甲子、甲寅、甲辰、甲午、甲申、甲戌。」比喻在三元羅盤之中之八大宮位，四正四隅方為分界線。

平洋地為水龍，要看來水，平洋龍以來水為龍，即是來龍倒頭一節之水流為「元辰」，「貼水」即是結穴處面前近穴方所見之支水水流相交處，或是水流轉彎之處。「離水」即是結穴處面前遠處所見之支水水流相交處，或是水流轉彎之處。其卦理必須同一氣，為父母子息卦，稱之為「一家骨肉」，又為「父母子息公孫卦」，此為之「一氣親」。

以平洋龍來說，理氣為主，配合巒頭水法，「貼水」若是失元則為煞，而「離水」雖是當元旺運，葬後則禍害首當其衝，穴不可下。若是「貼水」是當元旺運，「離水」失元煞運，穴可下，但要看看

「離水」有多遠，一層水流尅應一代，若失元之「離水」在第二或第三層，在元運交替之後，又變成當元，若合洛書數，則生生不息，是可遇不可求之地也。

原文：**一元紫午九。辛亥喜同論。二值艮牛輔。三當金酉真。四通乾豕利。中五覓廉貞。六氣巽風扇。七當甲乙心。八則坤猿動。九數貪癸輪。**

繼大師註：**「一元紫午九」**——「午」方「丙午丁」為後天南方「離宮」，先天乾屬九數，為紫色；由於一六八為白色與九紫同屬吉星，故有「紫白飛星法」，一運收乾水。

「辛亥喜同論」——在三合盤四十八局中的「辛亥」干支在廿四山正針之「壬兼亥」方（三元外盤之觀卦）及「子兼壬」方（三元外盤之坤卦），「壬子癸」為北方，後天為「坎宮」，仍然屬先天坤一數，故說「喜同論」，一運收坤山。

「二值艮牛輔」——即羅盤廿四山正針東北方之「丑艮寅」，「丑」為牛也，「輔」星為東北方後天「艮宮」位，先天震屬八數，稱為「左輔星」，八數之對宮為二數，二運收震水。

「三當金酉真」——即羅盤廿四山正針之西方金為「庚酉辛」，後天「兑宮」，先天坎屬七數，七數之對宮為三數，三運收坎水。

「四通乾豕利」——「豕」為豬屬「亥」，「乾」為羅盤廿四山正針之西北方「戌乾亥」宮位，為後天之「乾宮」，先天艮屬六數，六數之對宮為四數，四運收艮水。

「中五覓廉貞」——指中宮，洛書數為五黃，九星名稱為「廉貞」。五運前十年歸四運管，五運後十年歸六運管。

「六氣巽風扇」——指易經八卦之中「巽」為風，「巽」為羅盤廿四山正針之東南方「辰巽巳」宮位，為後天之「巽宮」，先天兑屬四數，四數之對宮為六數，六運收兑水。

「七當甲乙心」——指羅盤廿四山正針之東方「甲卯乙」宮位，為後天之「震宮」，先天離屬三數，三數之對宮為七數，七運收離水。

「八則坤猿動」——「猿」即猴子，為廿四山正針之「申」方，指羅盤廿四山正針之西南方「未坤申」宮位，為後天之「坤宮」，先天巽屬二數，二數之對宮為八數，八運收巽水。

「九數貪癸輪」——羅盤廿四山正針之北方「壬子癸」，先天屬一數，為「一運貪狼」，後天屬「坎宮」，先天坤屬一數，一數之對宮為九數，九運收坤水。

原文：**倒顛顛倒算。禍福細推評。合得這些子。山川路路靈。**

繼大師註：繼大師認為這目講師所著《金口訣》，寫得非常隱秘，像謎語一樣，不肯直言，以上所說之數均為對宮數之，故說「倒顛顛倒算」，這是平洋水法之精華，全在這口訣裏，比起蔣大鴻所著之《天驚三訣》更加精簡。「合得這些子」就是要配合穴前巒頭山水之雌雄、陰陽、動靜、零正、生尅、對待等，知道這些口訣心法，禍福就在指掌之間！

在蔣大鴻著《天玉經外傳》（見《相地指迷》武陵出版社出版，第 83 頁云：「**葬法千般對不同。只在合元空。若還些子無差誤。局局盡相通。**」

又在第 92 頁《醒心篇》云：「**無人信我醒心篇。幕講禪師先證佐。**」

明顯地蔣氏熟讀幕講禪師所有的風水論著。

《金口訣》〈中篇〉— 目講師著 — 繼大師註解

原文：**第一看水龍。休咎不相容。一二六八吉。四五七三凶。吉則當乘氣。將棺貼水沖。凶須來就局。覓水問真蹤。**

繼大師註：看水龍以三元先天八卦去配合向法及水法，乘得當元氣運則吉，逢失元氣運則凶，細察來去水流，穴正對彎環屈曲之處，以順弓抱穴為吉；後靠幹水，左右有支水插入幹水，為穴之龍虎砂。

水流之流神極為重要，來去水位都要清楚，水流屈曲轉彎處及水流相交之處均要明白，配合吉穴之卦理、零正、山水元運，定能邀福。

「一二六八」與「四五七三」，繼大師認為這裏有錯謬的地方，疑似被人篡改，應該是：「**一二六五吉。四八七三凶。**」

首先要明白先後天卦所屬之數，始能解通它，繼大師現列出如下：

先天乾為九數——在後天離為先天三數——排卦次序為一

先天兑為四數——在後天巽為先天二數——排卦次序為二

先天離為三數——在後天震為先天八數——排卦次序為三

先天震為八數——在後天艮為先天六數——排卦次序為四

先天巽為二數——在後天坤為先天一數——排卦次序為五

先天坎為七數——在後天兑為先天四數——排卦次序為六

先天艮為六數——在後天乾為先天九數——排卦次序為七

先天坤為一數——在後天坎為先天七數——排卦次序為八

繼大師認為「一二六五吉。」是根據排卦次序而説後天卦象之先天數。這樣則：

排卦次序一為後天「離」為先天三數。

排卦次序二為後天「巽」為先天二數。

排卦次序六為後天「兑」為先天四數。

排卦次序五為後天「坤」為先天一數。

「四八七三凶。」則：

排卦次序四為後天「艮」為先天六數。

排卦次序八為後天「坎」為先天七數。

排卦次序七為後天「乾」為先天九數。

排卦次序三為後天「震」為先天八數。

這樣「一二三四」與「六七八九」為兩元對待，配合上下兩元元運，就合乎元空大卦《天玉經》所說：「**一龍宮中水便行。子息受艱辛。四三二一龍逆去。四子均榮貴。**」

平洋穴地乘得當元運旺則吉，將棺木貼近水方，但不是割腳水，若水來沖要短濶，避開凶方破局之水，要覓吉方來水而就局。

原文：**局法如差錯。兒孫立見窮。水神清潔者。定卦在其中。若是兩兼者。螟蛉繼其宗。**

繼大師註：平洋地之「局法」即是水法，穴面前有水來朝，一定要在吉方，若在失元之方，立見貧窮，行至煞運，災禍來臨。水神不能出卦，亦不能交雜兩宮之水。

在《相地指迷》〈卷之五〉秀水四九老人著〈平洋金針〉（武陵出版社出版，第135頁）云：

「要而言之。向須卦內之向。水須卦內之水。始爲全美。」這謂之不出卦也。

「水神清潔者」即在同一宮內之向，收同一宮內之水，此為之清純；若兼兩宮洛書之水，又合共宗之數，則主後代收養過契之兒。

在蔣大鴻著《天玉經外傳》〈下〉（見《相地指迷》武陵出版社出版，第85頁）云：

「斷橋不相接。最是水神要清潔。異姓休來雜。若還夾雜兩宮水。繼贅螟蛉出。……」

蔣大鴻在這裏的說法與《金口訣》一樣，足以證明蔣氏熟讀這目講師之《金口訣》。

原文：**此為立極法。微妙在元空。氣局雖然異。元空總是同。既能定一卦。外氣要相通。四畔都融合。何愁不顯榮。**

繼大師註：以穴為立極之中心，環顧四周水神，定出宮位吉穴向度及位置，要在一卦之內，配合元運，打通近方內氣和遠方之外氣，融合四周水神，何愁不顯貴。

《金口訣》〈下篇〉——目講師著——繼大師註解

原文：**二十四元辰。統之為八極。元辰若斷橋。外氣總無力。如人正氣虛。富貴有何益。**

繼大師註：廿四山即四週之三百六十度，「元辰」為穴之來水方，「八極」即穴之四週分為八大宮位，定點作立極，「斷橋」在蔣大鴻著《天玉經外傳》〈下〉（《相地指迷》武陵出版社出版，第85頁）云：

「斷橋不相接。最是水神要清潔。」

橋斷了比喻不能接氣，外來水氣被面前破局之煞水所阻隔，如人之氣虛，是先衰後旺之格局。平洋地以大幹之水為龍，以支水作為來氣聚揖之處，取彎環屈曲處立穴，配合水流取穴之向度。

原文：**內清外局凶。當元先發跡。雖發不久長。只因生變易。元辰水值凶。龍穴皆相得。山向合元辰。一代丁財的。三卦一氣通。九世貴無敵。**

繼大師註：平洋地近穴之堂局，其水流不出卦謂之清純，這裡說是「內清」，若距離穴外第二層水局不合元運而招凶，此謂之「外局凶」。近穴在局內迎得吉水則第一代先發，穴之後方來水，若理氣不合，當值失元而凶，加上外局凶水則第一代發後第二代凶，或發不長久。

若來龍合得穴向而又當運，穴之坐山向度又合元辰水，則發一代丁財，若元辰水、內水及外水全合當元卦運，這裏說「九世貴無敵」，以卅年一世，九世即半個大三元元運，有二百七十年了。但繼大師認為要看看在何時造葬，龍、向、水是何元運，始能判斷準確。

原文：**經縱緯必橫。此法為真的。故須觀外朝。外朝有順逆。經正自興隆。緯斜小有厄。照應吉神多。富貴無休歇。水情與穴情。彎環生奇特。前高後清空。氣旺真龍穴。**

繼大師註：在地球上經線指示南北方向，緯線指示東西方向，縱是垂直，橫是橫線，這表示點穴功夫要看前後左右四正方。平洋穴地外方之水為外朝，水神要正面環抱，左右水流若斜出或斜入皆主凶。

平洋穴地前面水流為「照應」之水，要彎曲環抱，闊度範圍平均，方位正確而合元運，穴前愈遠則要微微高出，就是逆水砂，富貴無休歇，則氣旺是真龍穴。

《本篇完》

（十二）《廖筠卿水法秘訣》註解序

繼大師

由於在2013癸巳年聖誕節到江西三僚村探訪楊公聖跡後，偶然找到三僚村明初廖氏的「廖均卿水法秘訣」，細閱之下，確實有其見地。

原本筆者繼大師想寫一本純水法的書，在構思其間，晚上得一夢，見一六七十歲長者，面圓，身材中等，略肥，右手持枴杖，自稱姓鄧，在一大宅庭園內，有傭人服侍，與我談論風水學理，並說我知道很多東西，突然之間，他在離遠的地方，把頸伸得很長，並張大口很大聲對著我的耳邊說：

「你想要寫水法，你好大的膽子，你要自負因果！因果自負呀！」於是便驚醒。

礙於水法是極機密的風水秘法，不能隨便透露，只能作心傳口授，今見廖公水法一文，隅而註解，透露一點曙光。所謂真訣不在書上，得書不得訣亦枉然，讀者們可將此「廖公水法」作為參考，代得遇真訣後再引証。

其實此篇水法所說的東西很有限，但若能知曉而運用，則不簡單。全文有 1932 個字，並多次提及楊公所說的「自庫」與「借庫」，其內文重點如下：

（一）看八方水口，本庫與借庫，水之出卦，乾坤艮巽御街水。

（二）三般大卦，旺神見水損財丁，向上生剋（即向收零正山水），卦之抽爻換象。

（三）紫白五黃、太歲與生肖在廿四山之尅應。（即筆者繼大師所著《擇日風水尅應》、《正五行擇日尅應精解》。）

（四）水口要有關鎖，茶糟、割腳、直水、水破天心等。

（五）三陽水法，移山填海人工補救之法。

（六）丁財貴壽運盤，八卦通一卦，反吟伏吟，用戊乾亥去解釋宮位十六山之卦。

（七）顛三倒四那些子，龍合向，向合水，七星打劫離宮合。

望諸君細細品嚐，或許會發現一些端倪。

繼大師寫於香港明性洞天

甲午仲春吉日

（十三）《廖均卿水法秘訣》— 廖均卿著

繼大師註解

《廖均卿水法秘訣》

（一）斷驗當考東家德。七分言吉三分凶。不明東家福與德。切莫亂用此經文。

繼大師註：「東家」暗指三僚村東面之族人，廖族住三僚村西面。福主要有福德，明師才能給他做風水。

（二）真龍先辨死與活。堂局形巒須慢言。八方水口皆要看。合得本庫鎖金龍。

繼大師註：先能認取真龍，有剝換及擺動始為真。明堂、羅城、朝案及龍虎要具足，穴上看看何方出入水口，龍與坐山及向與水口不可出宮，同宮謂之「本庫」。楊筠松著**《天玉經》〈內傳下〉**有云：

「若還借庫富後貧。自庫樂長春」。見《地理辨正疏》武陵出版社印行，第一八六頁。

（三）三般大卦先分清。八字格水用羅經。五行流通論生氣。旺神見水損財丁。

繼大師註：三般卦是：一九父母及二八運是天元卦，三七運是人元卦，四六運是地元卦。「八字格水」即用羅盤八卦量度，水口出煞則旺氣入穴，故名「出煞水」，若旺卦在出水口，則丁財兩敗。

（四）紫白推來五黃煞。抽爻換象標原因。均卿留得三陽法。憑此一訣可稱仙。

繼大師註：不可逢流年三煞及紫白五黃到坐山而修造陰陽二宅，以後天八大宮位為三煞及紫白的到宮位置，逢二五到山，必損小口，擇日修造以廿四山之坐山為主，扶山相主。

而立向以取旺為旺，取正神收山，零神收水，變爻要合河圖洛書之數，變旺取旺或變衰取旺，視面前堂局而定。「三陽」者，內明堂，中明堂及外明堂，見山收山，見水收水，或山水兼收，必須配合元運。

（五）來水星形生肖定。八卦合運大財進。來水出卦不言吉。空有財源枉費心。來水借庫無後勁。他人錢財不如己。

繼大師註：凡穴前來去水口均要合向且是煞位，煞出則旺氣入穴，其煞位若是廿四山之辰字，則剋應在於「辰」年，即屬於龍年出生之人，「戌」年次之。來水與向要合衰旺，同一宮位則進財，否則就是出卦，若水與向不同宮，而合河圖之數，則名「借庫」，借庫氣運不夠綿長。

（六）來水御街富且貴。乾坤艮巽四字看。

繼大師註：「乾、坤、艮、巽」四隅方為御街水，收得合運來水，富貴長久，若失元則敗絕。

（七）一路來水一字看。六路來水六字對。本庫借庫要分別。卦外來水不須看。但看字是何生肖。運年推斷跑不掉。

繼大師註：若是平洋水龍，穴前所見各水口要合向及合衰旺，「本庫」即楊公所說的「自庫」，為水與向不出卦宮，「借庫」即水與向合河圖之數，水口若出卦，則穴不能收，看出卦水口在廿四山之何方，則何年便產生剋應，天干應天干之年或對衝之年，地支應地支三合之年或對衝之年份。

（八）向上五行論生尅。還需坐上卦爻參。每字之下卦名定。卦辭卦象方顯神。運年生肖說原因。東家方言有真功。

繼大師註：「向上五行」即穴所立之向，收取穴前山水合卦之衰旺，每個卦有其卦名，內外卦爻要合數，配合廿四山去推算所屬生肖之人或剋應之年份。

（九）來水見白財大快。如若合庫也無防。八方來水皆有財。非若當面方有功。

繼大師註：「見白」即看見白氣，為水氣也，穴向合運則速發也，八方來水到穴前，名「水聚天心」，主聚財。「當面」者，即水不能太近穴，如割人之腳，名「割腳水」，主財來財去，不能剩財。

（十）八方卦氣隨運轉。太極在中要分明。外陽水口合八字。巨人鎖口陽宅同。

繼大師註：以穴碑為中心，稱為「立極」，以卦向及穴前可見之山巒影響最大，氣隨卦運而轉變。「外陽水口」即穴前第二層龍虎砂外的水口，要合於八卦元運，更要兩水相交；交會處有大石塊如巨人般地出現，名「北辰」，小石名「羅星」，鎮鎖水口，生氣凝聚，則發福久遠，陰陽二宅相同。

（十一）來水多口歸一庫。方可論及城門訣。出口雖鎖不歸庫。氣泄財散不知因。

繼大師註：以穴前大局形勢而言，水口若不止一個，總要在宮位內，方可依「城門訣」去收山出煞，出水口雖有關鎖，但在宮外，為出卦，財易散也，但亦有例外。

（十二）生出尅出財見退。不在卦內更堪憂。五黃太歲歸宮位。敢斷流年大破財。坐卦若能合河洛。當運之年還有救。外陽水口若不鎖。全域財散形可憑。

繼大師註：「生出尅出」即穴立向不能合於穴前山水，便破財。穴向亦要合水法，包括先後天宮位，若紫白之五黃與流年太歲同到水口方位，則會有破財之尅應，如「辰」方有水口，尅應在「辰」年，若穴向、坐山及水口合零正之卦運，則無大礙，卦運要合河洛之數，外陽水口若全無關攔，水口空蕩則敗財也。

（十三）要問外陽訣何在。均卿公傳三陽法。羅盤卦內逐字對。一口一字八字看。先看自庫八個字。再看借庫外人助。天卦父母有靠山。十六字中可推移。

繼大師註：看立穴之向在何卦，於羅盤上格其水口屬何卦，一宮有八個卦，兩宮有十六個卦，「自庫」為自己的宮位，「借庫」為合數之宮，尤其是洛書數，要與穴向合數及同衰旺，以穴之父母山及左右龍虎砂手，定出穴之向度。

（十四）地卦只求貪狼補。八字推來自謀財。乾坤艮巽御街字。能合來水富且貴。來水雖多卦不合。空勞財源白費心。

繼大師註：每個卦宮以貪狼父母管局，「乾、坤、艮、巽」四隅宮位之水為「御街水」，每宮八小卦，合局合向收水則富貴；若來水雖多，如交雜多宮之水，不合卦則收不到財。

（十五）財不合卦當煞論。消峰消水不同推。向上消之若無功。坐上卦爻顯奇功。

繼大師註：向水不合元運零正，則煞氣來，以致運不佳。穴上格峰及格來去水位，正神收峰，零神收水，以「坐上卦爻」收之，楊公稱「收山出煞」。

（十六）向坐若無補救力。五黃臨宮劫難逃。斷凶當從大凶處。一斷定叫東家驚。直指年月和生肖。卦爻推出原因來。

繼大師註：穴向若錯收煞運卦氣，逢流年紫白五黃到宮，以穴向在廿四山干支作數據，定出流年及生人，以此斷其吉凶尅應之年份。

（十七）父母三般卦分清。八字十六不同論。借庫自庫此中別。五行推來定吉凶。

繼大師註：「父母天元、人元、地元」為三般卦，「借庫」為外宮宮位八卦，加上「自庫」內宮位八卦，共十六卦去配合及斷事之吉凶。

（十八）吉凶錯位顛倒斷。空有紫白生肖法。東家笑你無功夫。廖家地術未學通。

繼大師註：吉凶以六十四卦來斷，流年紫白是兼看，不可顛倒來判斷，否則會被東家曾姓族人取笑。

（十九）看罷外陽看中陽。八字桃花一字煞。幹流要防人丁傷。水破天心傷人丁。

繼大師註：穴之外明堂及中明堂要有羅城或者有水流環繞，使生氣凝聚。穴之向度要避開煞氣，一宮八卦中，若錯配卦位，易犯桃花，如配錯「子、午、卯、酉」四正卦向則為桃花，穴前忌有一字直長之幹水衝射，名「水破天心」，主二房人丁受損。

（二十）茶糟割腳全域愁。元辰直水立見敗。水口緊鎖敗後興。何方有水何房發。

繼大師註：「茶糟」之水，指近穴前方有深坑橫臥，主事情不順。「割腳」之水，指穴近水邊，無多餘空間，主錢財無剩餘。水由穴後方往前直走，主敗財，但水口又緊鎖，主敗後興旺。左方一四七房，前方二五八房，右方三六九房。

（廿一）抱迎曲聚力不同。中陽水法人多見。形要合運才有功。中陽水法不看卦。但在形中斷原因。諸家之論皆合理。若不合運也無功。但凡堂局得中陽。

繼大師註：水法以穴前內堂為主，以屈曲環抱穴位爲吉，水聚天心亦吉，內明堂水口卦位要合穴向，內龍虎之外是中明堂，其左右形勢要抱穴合局，水流不可反手及直走，水流更不可尖角射穴，是謂之「形煞」。

穴前一砂一水斷一代，二砂二水斷二代，前案高度以「高要齊眉。低要齊心。」為標準，通常中間明堂較大，則福蔭之力亦大，而它範圍較大則易出卦，故以內堂得大吉之卦位為主。

（廿二）此間所論人人通。中陽水法無秘傳。穴在高處多水口。此是中陽唯一功。葬後多敗因氣散。補救之法歸一庫。移山填海人工造。星移斗轉顯神功。

繼大師註：水口若多而穴位高，則可見多個水口，亦易見水走，繼大師現公開秘密口訣補救之法：

「掘地作池，引水歸於宮內，使不出卦，掘出來的泥土堆成橫案，作穴之下關砂，以人工修造，由凶改成吉。」

（廿三）未得楊公雌雄訣。切莫逞強誤他人。一生二兮二生三。才是楊公雌雄訣。八卦不是真妙訣。子母公孫誤千人。一二三中用數推。才是玄空真妙訣。

繼大師註：「雌雄訣」即收山屬陰，收水屬陽，卦分雌雄，八卦卦理是理論，如父母卦生子息卦，為一生二，子息又生孫卦，為二生三，是名：「子母公孫卦」，至於用法，必須得真傳，否則誤人。

（廿四）更有內陽審穴法。神機出處尋仙方。但把向中放水看。不看立見房份傷。

繼大師註：穴位以內龍虎砂定穴，內龍虎砂抱著的平地名內明堂，即「內陽」，以此証穴位，後再定向度，以墳向定出穴前內堂的人工水口位置，然後放人工出水口，墳碑上可看見，為煞出令旺氣入穴，「若穴中看不見水口，則房份易傷。」筆者繼大師對此有所保留，未必全是這樣的，在公墓墳場內不可能做人工水口，應該看見水口出煞是錦上添花才對。

（廿五）古今庸師多少位。誤人財散不知因。細看水口放何字。自庫八字盡合法。借庫八字一般般。出庫定叫財破散。

繼大師註：定了碑向後，依此立水口位置，兩卦合數在宮內稱「自庫」，兩卦合數在宮外稱「借庫」，兩卦不合數亦不同宮稱「出庫」，出庫除破財外，亦會影響健康，如香港元朗新田趙氏祖墳「雙金降水穴」，出庫（出水口）零正不合，後人晚年腎臟有病，要帶人工尿袋，很痛苦也。

（廿六）明堂瀉下中房傷。左長右少不用疑。楊公傳下內陽法。位位生來是真訣。更看卦內子孫尅。八宮流轉運星求。

繼大師註：明堂傾瀉，水走財敗，左方一四七房，前方二五八房，右方三六九房。無論穴碑或屋向，其卦向尅出尅入或生出生入，其向度總要收得正神山或正神水，不可收零神山或零神水。「正神」表示收氣正確，「零神」表示收氣錯誤。

此處名稱之演繹與坊間不同。並非「正神」一定要收山，「零神」一定要收水。向度若收得正確，時運一到，福份自來。

（廿七）宮內運退二五疾。三七並臨刀無情。向首一氣災福柄。九宮流轉逐房推。

繼大師註：陰宅以碑向及陽宅以屋門之向去主宰吉凶，向若當煞運，加上逢流年紫白二黑五黃加臨到宮，則易生病或破財。三碧七赤加臨到宮，易見血光之災，依大運及流年而產生尅應。

（廿八）水口看卦卦看數。主客到宮合數推。統臨一四七大運。專臨當元二十年。

繼大師註：向與水口總要卦數合，「主」即主山，指坐方之靠山，「客」即客山，指穴前朝案之山，又稱「將山、岸山」，或「特朝」之山峰。墳穴除要正靠後方坐山之外，坐山及向度「必是合十夫婦卦」之關係，配合元運去推算穴之吉凶。

一運為上元一二三運之首，四運為中元四五六運之首，七運為下元七八九運之首，每一小元運為廿年，九個元運共一百八十年，亦可分上下元各九十年，用元運之衰旺，推算吉凶。

（廿九）內陽看法在九尺。曲曲層層合字高。內陽多口財立散。位位生來富貴長。

繼大師註：平洋穴面前明堂為「內陽」，廖師以九尺距離範圍為準，內堂淺者，生氣不聚，前堂遠處層層略高屈曲而來，即是逆水來朝，主發福綿長，若水口多則財易散，但總要合生旺之元運。

（卅）合卦合氣更合形。更勝山水盡合情。此訣僅許傳子孫。萬勿泄與輕浪人。

繼大師註：此為之卦理合氣運、合零正二神，及合於水法，更合穴前形勢，水之環抱及順逆等。

（卅一）形敗字出又生出。敢斷某年大破財。五黃太歲雙把刀。八宮流轉見弱殺。

繼大師註：若穴前形勢在廿四山，例如在「巳」方出旺水，水以衰為旺，以旺為衰，則主「巳」年破財。若逢紫白流年五黃加太歲到「巳」方水口尤甚應，每個宮位分別逢流年紫白飛臨而使吉凶流轉。

（卅二）形醜出庫又尅入。立斷兇險是真訣。凶者更兇險中險。雪中送炭古來稀。

繼大師註：穴前形勢凶險，向又出卦「出庫」，又錯收山水「尅入」，則凶險立應。

（卅三）形若出庫坐卦補。卦若不合運再參。紫白真訣後收功。

繼大師註：若穴前水位形勢出卦，以穴中坐向立生旺卦去補救；卦若不合運，可依流年紫白一六八吉星飛臨到宮位而增強吉運。

（卅四）若要東家驚奇異。卦爻抽象推原因。一百八十地運推。以數回歸一太極。八卦只有一卦通。

繼大師註：穴立向，以面前山水定卦位，卦中取爻度則依卦之河洛理數相配。

「乾、兑、離、震、巽、坎、艮、坤」等八大卦，初爻與四爻通，二爻與五爻通，三爻與上爻通，上下卦相同不變為陰，三爻皆陰，為坤卦一運貪狼，故貪狼一運坤卦通八大父母卦，即一卦通八卦也。

亦有一種說法，八卦之中，以當元旺運一卦為吉，八宮各有一卦，亦為一卦通八卦。依廿年一運，九個元運，共一百八十年循環一次，為一個小三元大運。

（卅五）丁盤財盤合運盤。形若出卦也空談。抽爻換象神仙術。未合八字也不靈。

繼大師註：立向取卦，每卦有六小格，即六爻，連五條界線，總共可變出十一個卦，此謂之「**抽爻換象**」，卦取合元運之卦，使合河圖洛書，以數定丁財，並非以文王占卜用之「官、財、父、子、兄」爻而定丁爻及財爻，數不合則謂之出卦。

用個人生辰八字，用河洛理數轉換成六十四卦，用生時取變爻，成「本命卦」及「元辰」卦，用本命六爻卦，配合穴或陽居卦向，此即合「八字」，亦合「八卦」也。

（卅六）五行流通論吉凶。零正顛倒更無功。反吟伏吟心要細。陰溝翻船也常見。

繼大師註：以卦之元運定吉凶，正確收取山水黃白二氣則吉，顛倒錯收則凶。來龍與向度合十之卦為錯卦，此為之「反吟」。「伏吟」者，來龍與坐山之卦相同。楊筠松著《都天寶照經下篇》云：「**本山來龍立本向。返吟伏吟禍難當。**」主剋應後代有意外凶險，故云：「陰溝翻船」。

（卅七）旺神見水財丁損。水裡龍神不上山。元空父母三般卦。不合河洛死僵化。

繼大師註：水以衰為旺，旺卦見水即是真正衰敗，故損丁財。旺卦見山即收旺氣而生丁財，配以父母天元、人元、地元各卦相合，以向度配合水口之元空大卦，合河洛理數則大吉矣。

（卅八）來水多路人稱好。不在卦內反見凶。自庫不合就借庫。無庫可借當煞論。

繼大師註：穴前見多個來路水口，並非是好事，最重要的，是來路水口與向度在一個宮位內，此謂之「自庫」。若不在宮位內，則要合河圖數，此謂之「借庫」。若宮位不合，則無庫可借，此即出卦當煞論。

（卅九）出口不合局見敗。生入剋入向坐救。救若無功求運助。運若見衰立見愁。

繼大師註：水口與向度不合局則見敗，若立向得運，可補救一時，運若失元便衰敗。

（四十）中陽水法不值錢。前賢空著萬卷書。均卿公傳三陽法。只在來去三個口。看罷水口算原因。一口一字一卦名。

繼大師註：有一些墳穴，雖然子孫托只有一個人工水口，但墳碑前有三個墓門，內墓門、中墓門及外墓門使用同一個人工水口，以人工水口管局，三個墓門用同一個出水口，分出內陽、中陽及外陽，為「三陽水口法」，再以向法去配合三個墓門與水口，以衰方為旺，一墓門口配同一個水口，是為「一口一字一卦名」。

另一類自然的三陽水法，是穴或屋前可以見到的內明堂，內龍虎砂外的中明堂及遠處的外明堂，若穴或屋前可以見到其出水口的話，水出煞位，則旺氣來，其水口亦要配合向度，不過是自然立局，元運是天然生成。

（四十一）先將六十四卦辭熟。向為下。卦口為上。重新變出一卦看。久年老墳隨運走。河洛能合凶化吉。中陽不合定煞論。

繼大師註：將六十四卦卦名熟記，向與水口相配，零正要合元運，向度取變爻要合河洛理數，抽爻換象，變出另一個變卦，或變旺取旺，或變衰取旺，或變旺取衰，或變衰取衰等，皆要合局為主，不合則當煞論。

（四十二）尅出財泄運退破。出庫為煞五黃凶。生入財猛運到發。判給生肖紫白年。

繼大師註：無論尅出或生入，卦向總要合得面前山水，逢「出庫」不合局為煞，遇流年紫白五黃到山為凶，尅應為坐山之廿四山干支的三合年或對衝年之生人，如「子」山「午」向，則「子、辰、申、午」流年及此年命出生之人當有尅應。

（四十三）三八四爻算原因。卦理通明才是仙。一山三卦用卦看。一卦六爻變化真。

繼大師註：三八是洛書生成之數，指所有生成之數，「四爻」者是每卦一爻通四爻，二爻通五爻，三爻通六爻，連本身之爻，相隔共四爻也，兩者同推算卦數之吉凶。

「一山三卦」，非坎宮管「壬子癸」，離宮管「丙午丁」，震宮管「甲卯乙」，兌宮管「庚酉辛」，而是「一山」表示穴之坐山，「三卦」表示父母二八運天元卦，三七運人元卦，四六運地元卦，為「父母三般卦」，以父母天元卦運最長久。

一卦有六爻，每爻均可變化，陰變陽，陽變陰，一卦變出六卦，八卦共變出四十八局子息卦，可以收山收水。

（四十四）出卦四分要用替。五行要以數中生。楊公元空神仙學。凡人難悟天機訣。

繼大師註：出卦即離開宮位或卦數不合，則用替卦，並非沈氏玄空九宮飛星之替卦。此處之「替卦」指離開宮位之卦，能用代替卦補上則吉。

（四十五）一卦三山戌乾亥。戌統八山為自庫。亥順乾卦十六山。乾為父母左右通。

繼大師註：借廿四山說卦例，指父母三般卦，後天乾宮「戌乾亥」，乾正線為先天兩宮交界位，「戌」方爲先天艮宮☶，艮卦䷳爲父母貪狼卦，主管艮宮☶八卦，為自庫本宮，「亥」方為先天坤宮☷，以坤卦䷁為父母貪狼卦，乾山有謙䷎、否䷋兩卦，否為九運父母卦，兩卦合十、合生成，卦運合十五，左右通兩宮十六卦。

（四十六）江東江西南北卦。三山下有八神在。顛三倒四對不同。三山八方八卦在。

繼大師註：接上文，否卦䷋為九運江西卦，生出二、三、四運子息卦，艮䷳及坤卦䷁為一運父母江東卦，又稱南北父母卦，生出六、七、八運子息卦。「顛三倒四」，指「綜卦」及「覆卦」，這裡的「三山」指廿四山方位，去說出八宮八卦的分別。

（四十七）神為卦氣卦為庫。八神八卦要分清。倒推父母二十四。自庫只有八山對。六十四卦流八方。自庫只有二十四。

繼大師註：「神」者為卦之洛書數，稱為「卦氣」；「卦」者指宮位，稱為「庫」；「神氣」及「宮庫」要分清楚其用法，以此推出父母子息廿四山，即六十四卦，每個「自庫」宮位有八個卦，故說「二四如八」，八八共六十四卦。此處以廿四作暗語。

（四十八）東西南北三個卦。陽順陰逆二路行。山下用卦對水口。卦辭卦爻推原因。以卦取數論生尅。借庫之卦一同論。

繼大師註：再次說出三般卦，一三七九運卦爻陽順排列，二四六八運卦爻陰逆飛出。九四三八卦宮宮位陽順排列，二七六一卦宮宮位陰逆排出，就是一個太極圖。

即《地理辨正疏》內口訣：

「陽從左邊團團轉。陰從右路轉相通。」

碑向及墓門同一向，以墓門中心定出子孫托邊的水口，以卦向取水口配合卦數，生尅合零正，自庫宮位最好，借庫宮位亦可以，總要合數合零正。

(四十九) 八方卦氣隨運轉。太極在中八方移。一宮一個太極位。主客重論推太極。

繼大師註：八方卦氣隨洛書數的氣運運轉，九四三八卦陽順，二七六一卦陰逆，以當運之數入中宮，依洛書數作「山逆水順」飛臨各宮，逢五數到宮位，依山水臨該宮而掌運，每宮分別收山收水，依運而行。

(五十) 均卿公傳真訣竅。顛三倒四那些子。一生二兮二生三。太極回歸合為一。

繼大師註：些子法即明末清初蔣大鴻地師所說的「顛倒法」，其實是沒有「些子法」的，因為一些地師欠缺一些真傳，其實是「還欠那些子」，於是乎成為了「些子法」，其實是陰陽太極互相變動，天光之氣遇物所阻隔而變化也。

(五十一) 龍要合向向合水。八方宮宮有太極。流神專臨運星轉。七星打劫離宮合。

繼大師註：龍要合向並同旺，向旺卦數合水衰，坐山與水口要衰，龍水合十，山與向合十。得元運則生旺，失元運則敗，所有八宮中都有衰旺之卦，陰陽是會變化的，故云：「**廿四山有火坑及珠寶。**」

「七星打劫」是八宮中每一宮各有八個卦，只有一個卦是不動卦，即：「乾、中孚，坤、小過，坎、大過，離、頤。」離開宮位去相合的其餘七個卦，名「打劫卦」，故名七星打劫。

（五十二）抽爻換象合河洛。以數入卦細推詳。數自天定重叮嚀。萬物歸宮一二三。

繼大師註：「抽爻換象」指六十四卦每卦中之變爻要合河洛理數。「數自天定」一句是暗語，指以「洛書數」定出吉凶。

（五十三）數中方有真陰陽。數中五行才可憑。八宮太極回歸一。一二三中是太極。丁財貴壽皆太極。一二三中各自演。萬物自然一太極。太極化出吉凶息。

繼大師註：卦依數而分陰陽定吉凶，返回先天太極之河圖洛書數。經云：「**一生二兮二生三，三生萬物是玄關。**」丁財貴壽及一切吉凶，皆由河圖洛書數而來。

（五十四）不言陰陽曰雌雄。陰陽之中有太極。明得太極之太極。敢叫東家稱地仙。

繼大師註：陰陽即雌雄，明得太極理數變化之理，必須得明師真傳，始能領會，即名地仙。「東家」指三僚村廖族東面曾姓族人之村落。

（五十五）走南闖北向東西。廖家聲譽要珍惜。東家常考真功夫。應對自如路才通。均卿公留卦象訣。一同寫下秘密記。此訣只許兒孫傳。不許泄與輕浪人。

繼大師註：作者廖均卿地師要其子孫珍惜廖家聲譽，寫下秘密口訣，作一引導指南，方便傳授兒孫，囑咐真訣必須由其子孫代代相傳，不傳外姓人。在三僚村內，其垣局是南北短，東西長，三閉一空，垣局口在東面，西面是垣局山巒，西、南、北三方為山巒起伏之羅城。

三僚村分兩姓，作者廖均卿地師為西面廖村人仕，為楊公弟子廖禹的後代。「東家」為楊公弟子曾文迪在東面曾村人仕，兩姓族人相處並不和諧，分別建有廖、曾兩村自己的楊公廟。廖氏風水的真功夫，不能被東面曾姓族人考倒，所以作者廖均卿地師提醒後代云：

「廖家聲譽要珍惜。東家常考真功夫。」

（五十六）更有楊公斷驗訣。此訣兒孫也須會。無問老墳因何死。立斷死因東家驚。不得真功不下山。傳得真功要救貧。不為錢財不為情。東家有德才可行。

繼大師註：作者廖公聲言有楊公斷驗訣，亦要求兒孫必須有判斷墳穴吉凶之能力，有真功夫才下山救貧，並非一定為錢財或為友情去給人點穴造葬，只要人家有德行才給予人家造地。

《廖筠卿水法秘訣全卷完》

（十四）《字字金》——**蔣大鴻著**——註者繼大師序

《字字金》 註者繼大師序

蔣大鴻著《字字金》的版本很少見於坊間，著作模式是以四字句語為主，台灣鍾義明地師在其著作中**《玄空地理秘中秘》**（武陵出版社第卅頁至六十七頁）附有**《玄空字字金》**，為陳道銘先生藏書，其載錄至**〈水口卦第八〉**。欠缺尾段十六句，即是：

「來宜衰方。去宜從死。衰即是旺。死亦非死。上元八九。下元一二。四吉四凶。倒用玄機。只看本運。不參局堂。審定八方。以察水路。尅入爲吉。曲折相顧。去來不清。定遭嫉妒。」

其後段欠缺第九章至第十四章，其標題是：

「〈明堂三局第九〉、〈九宮挨星第十〉、〈三元氣運第十一〉、〈尋龍認穴第十二〉、〈山洋別法第十三〉、〈納氣吉凶第十四〉。」

總共欠缺六章多，註者繼大師得這《字字金》於同道友人，這篇版本非常完整，全篇有656句，每句四字，共2624字。但若未到境界的人，初看後會不認同這些說法，甚至認為是偽作的無稽之談！但若得真傳者，定當讚嘆此稀有之作品。歷代以來，很少風水明師寫得那樣隱密含蓄，而又能使真知者讀之明白，寫作技巧非常高超。

非常可惜的是，鍾氏竟然用廿四山及玄空飛星之法去解釋這段經文，早已脫離易學之道矣。六十四卦為易盤卦理之真機，離開易卦，就不是河圖洛書之理論。沈氏玄空學，它用「玄空」一詞，意思已經不同，「玄空」指玄妙或玄秘的時空。「元空」是指三元九運的元運，直接指出在元運時間上及空間的吉凶尅應，為避免混淆起見，應該使用「元空」始為正確。

蔣大鴻著《平砂玉尺辨偽文》，辨正三合法之偽，在《辨貴陰賤陽》一文中有云：

「夫吉凶之理。莫著於易。易六十四卦。各有其吉。各有其凶。八卦。六十四卦之父母也。豈有四卦純吉。四卦純凶之理。八干十二支亦然。吾（指蔣氏）**謂論地止論其是地非地。不當論其屬何卦體。屬何干支。」**

（繼大師註：見《地理辨正疏》蔣大鴻著，張心言疏，武陵出版社印行〈卷之五〉第二八三頁。）

蔣氏於這理論上，是強調風水穴地是否真能結穴為主，穴地方向則次之。蔣氏最坦白的說法就是：「**易六十四卦。各有其吉。各有其凶。**」他說明風水理氣，以易盤六十四卦去配合巒頭而主掌吉凶，不過借廿四山說卦理而矣。

此口訣就是楊筠松先師在《**青囊奧語**》中之顛倒訣曰：「**顛顛倒二十四山有珠寶。順逆行二十四山有火坑。**」

而蔣氏註解謂：「**二十四山陰陽不一。吉凶無定。合生旺則吉。逢衰敗則凶。山山皆有珠寶。山山皆有火坑。**」這視乎卦理是否配合巒頭，在使用上，其吉凶禍福有極大差誤，須得明師真傳。

現繼大師以易盤六十四卦去解釋《字字金》這段經文，雖然用法隱秘，但在邏輯思維上，可以給讀者們一個指引，知音者自然明白，曾加自信，在風水學理上，不會走冤枉路。

註解者繼大師細讀《字字金》內容，似乎蔣氏是寫給其入室弟子之作，並未打算流出坊間，這可能經過年代久遠，後代徒子徒孫在不意之間，流入民間。

但無論如何，這必須得真傳，始能領受；

「蔣氏常言：得書不得訣，亦是枉然。」

祈望讀者讀後能有所啟發，畢竟真訣必須得明師親傳，猜測是不可能得到真正答案的，這一切都講求緣份。

繼大師寫於香港明性洞天

壬寅年孟冬大年初二

（十五）《字字金》— 蔣大鴻著

繼大師註解

〈字字金第一〉

原文：**蓋言此書。先賢編出。其中理氣。條分縷晰。辨正原文。有言責無。今傳與後。切勿輕洩。邪書肆起。地學不明。各宗師授。莫辨渭涇。我作此書。暗室一燈。楷模後學。字字萬金。**

繼大師註：此篇《字字金》出自歷代先賢明師編出，蔣氏作四句詞語，說出口訣。他說歷代明師寫《地理辨正疏》內的五篇經文，他們並沒有責任使讀此書的人一定能明白，今蔣氏作此《字字金》傳於後世，尤如暗室一燈，啟發後賢。

〈戒學者遵律第二〉— 蔣大鴻著

繼大師註解

原文：**要求真訣。盟神受戒。毋為財動。毋為仇害。擇主以交。惟德是賴。求之不誠。留福以待。輕指好地。造物所忌。於天之怒。遭雷擊死。福善禍淫。乃天之理。如覓佳城。栽培心地。**

繼大師註：說明得真訣之艱難，非金錢所能買到，要拜師昇表，在神明見証之下受戒，學成後不可輕易給人指點大地，否則天怒而遭雷電擊死，這說法真的很嚴厲，心善德厚，始能覓得吉地。

〈山水配合第三〉— 蔣大鴻著

繼大師註解

原文：**元空妙訣。惟看雌雄。山與水對。陰與陽通。九星流轉。彼此相逢。坎離交媾。一氣渾融。先看金龍。坎離定位。乾坤父母。鍾毓最貴。**

繼大師註：山水雌雄配陰陽，此處所說之「九星」，即三元之「九運」，為「貪狼、巨門、祿存、文曲、廉貞、武曲、破軍、左輔、右弼」。「坎離交媾」即坎☵中滿，離☲中虛，用「抽坎填離」之法，坎卦☵中爻，與離卦☲中爻對調，坎☵變坤☷，離☲變乾☰，後天坎離變先天乾坤父母，來龍以乾坤父母卦為最大，為金龍。「鍾毓」即「鍾靈毓秀」，指美好的自然環境下，會產生優秀的人物。

原文：**一雌一雄。相為經緯。空中體認。心神領會。真龍歸藏。其氣內聚。動則氣生。不動乃死。隨元變方。隨方變氣。捨此求之。豈合玄機。**

繼大師註：一雌一雄為卦之正神及零神，配合山水元運，使吉凶立分，無論在方向或方位上，都能應用，包括卦之向度及宮位之位置，都能定吉凶。隨着元運之變更，使方位吉凶變易，隨着方位而改變卦氣，兩者相輔相成。「方、元（圓）」者，指三元羅盤內的地盤（方）及天盤（圓）。

原文：**陰陽差錯。其禍無窮。審龍如此。觀水亦同。配合無謬。運到興隆。陽順陰逆。以窺化工。坎離水火。實具五行。陰施陽受。萬物始生。取以看地。鍾毓可憑。洩天之密。鬼神亦驚。**

繼大師註：「**陰陽差錯**」指山水錯配零正二神，卦氣顛倒，引致招來災禍，龍要收正神卦，水要收零神卦。一般「**陽順陰逆**」有兩種，茲列如下：

（一）三元外盤六十四卦之排列法，午山正線逆時針方向排經「卯」山然後到「子」山正線，此為之「陽順」。「午」山正線順時針方向排經「酉」山然後到「子」山正線，此為之「陰逆」。

（二）一三七九運之卦共卅二個，其卦爻由初爻排至上爻為逆時針方向排，此為之「陽順」。二四六八運之卦共卅二個，其卦爻由初爻排至上爻為順時針方向排，此為之「陰逆」。

「**坎離水火**」指後天坎水，先天坤，為「壬子癸」三山。後天離火，先天乾，為「丙午丁」三山。

〈格龍卦第四〉— 蔣大鴻著　繼大師註解

原文：**陰陽得配。相見為難。八神四個。其一宜攀。得以配合。毓貴鍾賢。是秘妙訣。切宜細研。**

繼大師註：「**陰陽得配**」即以零神卦收水，正神卦收山，配合元運則大吉。八神即元運卦氣之「一二三四、六七八九。」「一九、二八、三七、四六」合十，以山水而言，四個收山，四個收水，稱為「四神」。配合上下元運，收山收水得宜則大吉也。

「**八神四個一**」者（出自《天玉經內傳上》見《地理辨正疏》武陵出版社出版，第145頁。），上下卦各變一爻，如：

坤卦䷁一運貪狼變初爻為地雷復卦䷗，變四爻為雷地豫卦䷏，兩卦為坤貪之八運左輔星子息卦，屬天元卦。

坤卦䷁變二爻為地水師卦䷆，變五爻為水地比卦䷇，兩卦為坤貪之七運破軍星子息卦，屬人元卦。

坤卦䷁變三爻為地山謙卦䷎，變六爻為山地剝卦䷖，兩卦為坤貪之六運武曲星子息卦，屬地元卦。

原文：**子午卯酉。乾坤艮巽。為父為母。寧不相見。此真配合。精力旺健。四個之一。雖微亦顯。**

繼大師註：蔣說：「**子午卯酉。乾坤艮巽。爲父母卦。**」不要以為這個說法是胡言亂語或是荒唐，真是要有很大的勇氣才能說出。此語一出，知音者定必讚嘆不已！此八山為宮位之交界處，而為父母之秘密，挨左、挨右及在界線上，全是天機所在，三者不同，差之毫釐，則吉凶變易，要非常小心使用，必須得真傳，始能領受。

由榮光園有限公司出版，繼大師註解《地理辨正疏》上冊218頁，楊筠松著《**天玉經內傳下**》云：

「**子午卯酉四龍岡。作祖人財旺。水長百里佐君王。水短便遭傷。**」

蔣大鴻（平階）註：「**取子午卯酉。以其父母氣旺也。言四正。則四維可以例推矣。水短遭傷。以其出卦之故。**」

此處蔣公很不在意地說出了「**子午卯酉**」四正方，及四維方之「**乾坤艮巽**」為父母氣旺之卦。兩處不同的經典，說出同樣的論調。

原文：**甲庚壬丙。辰戌丑未。陰陽相見。此為一類。**

繼大師註：甲為離卦䷝，庚為坎卦䷜，壬為比卦䷇，丙為大有卦䷍，辰為睽卦䷥，戌為蹇卦䷦，丑為噬嗑䷔，未為井卦䷯，每一卦均出現在八宮之中，為「坎、離、乾、坤、艮、兌、巽、震。」蔣公說，此為第一類之陰陽相見，外三爻以「坎、離」為首。

原文：**依龍立向。亦堪消水。旁通一路。父母之位。乙辛丁癸。寅申巳亥。陰與陽見。配定二類。**

繼大師註：乙為節䷻八運卦，辛為旅䷷八運卦，丁為鼎䷱四運卦，癸為屯䷂四運卦，寅為既濟䷾九運卦，申為未濟䷿九運卦，巳為需䷄三運卦，亥為晉䷢三運卦，每一卦出現各宮內。艮☶兌☱，巽☴震☳，離☲坎☵，乾☰坤☷，八宮陰陽相對，三八運及四九運合生成之數，更合陰陽。此為第二類之陰陽相見，外三爻亦以「坎、離」為首。

原文：**龍固合向。向亦合龍。父母可兼。莫尋別位。節節清純，三元不替。預知福力。一節一代。**

繼大師註：若是真龍結穴，卦理自然配合，龍與向合，水與坐山合，既然四正四隅是父母，其挨左或右，必定是合十或合生成。今以子山及午山為例，子山挨壬山為坤卦䷁及山地剝卦䷖，坤卦為父母卦，與剝卦合一六共宗。

午山挨丙山為乾卦䷀及澤天夬卦䷪，卦運合一六共宗，亦合四九為友。

子山挨癸山為地雷復卦䷗及山雷頤卦䷚，卦運合三八為朋，亦合一六共宗。

午山挨丁山為天風姤卦䷫及澤風大過卦䷛，卦運合三八為朋，亦合四九為友。故說「父母可兼」。

原文：**禍福顛倒。雜山雜水。其辨入微。其靈如鬼。元空之妙。四個取一。陰與陽交。陽與陰合。**

繼大師註：這指穴前或屋前山水混雜，不山不水，亦山亦水，收氣不能純清，禍福夾雜。「四神」出自於**《天玉經》〈內傳中〉**，見**《地理辨正疏》**武陵出版社印行，**〈卷三〉**第一八二頁。楊公云：

「東西二卦真奇異。須知本向水。本向本水四神奇。代代著緋衣。」

蔣大鴻註解曰：「**向上有兩神。水上有兩神。故曰四神。**」張心言疏曰：「東西二卦謂有兩水對待。宜就衰敗一水。**而立本運旺向**。兩水與山向兼之為四神。」故四神取其一，使山合陰陽，或水合陰陽。

原文：**陰陽交媾。二氣渾合。生生不窮。允推良法。四隅四正。謂之父母。其餘子息。左右夾輔。父母力大。統涵諸子。區而別之。一山一水。**

繼大師註：這裏再次強調謂「四隅四正。謂之父母。其餘是子息。」今註者繼大師詳細解釋如下，以坤宮為例，子兼壬為坤卦䷁，為貪狼一運父母卦，變上爻子息卦為山地剝䷖，變五爻子息卦為壬山之水地比䷇，變四爻子息卦為亥山兼壬之雷地豫䷏。

乾兼亥山為天地否卦䷋，為右弼九運父母卦，變上爻子息卦為澤地萃䷬，變五爻子息卦為亥山之火地晉䷢，變四爻子息卦為壬山兼亥之風地觀䷓。

同一宮內，各子息卦在左右夾輔父母卦，子息連父母卦共八個。一九運父母卦力大，統涵各子息卦。

原文：**山自管山。水自管水。不相為謀。山水異路。立脊成家。各宗父母。倘有差錯。如仇嫉妒。**

繼大師註：生成之數，各合陰陽，一六、四九、二七、三八，四組數內，一二三四為生數，六七八九為成數，配合上下元，收山收水，各有所屬。

〈論宮行度第五〉—— 蔣大鴻著

繼大師註解

原文：**子午卯酉。是為天元。乙辛丁癸。乃其所生。同共行路。有合無嫌。四隅立向。配偶宜然。**

繼大師註：「子午卯酉」四山之中，子山挨壬山為一運坤卦䷁，子山挨癸山為八運地雷復卦䷗。午山挨丁山為八運天風姤卦䷫，午山挨丙山為一運乾卦䷀。一八運為父母及天元卦。

卯山兼乙為地澤臨卦䷒，卯山兼甲為天火同人䷌。酉兼辛為天山遯卦䷠，酉山兼庚為地水師卦䷆。天火同人䷌與地雷復卦䷗外三爻合十，內三爻生成，地澤臨卦䷒與天山遯卦䷠，兩卦內外三爻「乾、坤」「艮、兌」互相合十。蔣氏第三次說「子午卯酉」是天元。

原文：**乾坤艮巽。天元之宮。辰戌丑未。乃其所鍾。攜帶同行。情誼自融。立向論配。四正乃從。辰戌丑未。地元宮起。與誰同行。父母而已。**

繼大師註：蔣氏第四次說「乾坤艮巽」是天元。「乾」挨「亥」為九運父母天地否卦䷋，「乾」挨

「戌」為地山謙䷎六運卦。巽挨巳為九運父母地天泰卦䷊，「巽」挨「辰」為天澤履卦䷉六運卦。「艮」挨「丑」為天元二運天雷無妄卦䷘，「艮」挨「寅」為地火明夷䷣三運卦。「坤」挨「未」為天元二運地風升卦䷭，「坤」挨「申」為天水訟䷅三運卦。

「辰」指一運貪狼父母兌卦䷹與「巽」之六運武曲天澤履卦䷉為共路生成夫婦卦，卦運合一六共宗，外三爻合四九為友。

「戌」指一運貪狼父母艮卦䷳與「乾」之六運武曲地山謙卦䷎為共路生成夫婦卦，卦運及外三爻合一六共宗。

「丑」指七運破軍澤雷隨卦䷐與「艮」之二運巨門天雷無妄䷘為共路生成夫婦卦，卦運合二七同途，外三爻合四九為友。

「未」指七運破軍山風蠱卦䷑與「坤」之二運巨門地風升卦䷭為共路生成夫婦卦，卦運合二七同途，外三爻合一六共宗。

故說：「**辰戌丑未。地元宮起**」，而與「**乾坤艮巽**」天元宮之父母同行。

原文：**甲庚壬丙。夫婦相比。陰陽配合。立向所取。甲庚壬丙。亦是地元。倘其出脈。不可有兼。左右皆雜。只愛單行。辰戌丑未。覓配為緣。**

繼大師註：「甲」指二運澤火革卦䷰，「卯兼甲」為七運天火同人䷌，卦運合二七同途。內三爻同為離☲，外三爻合四九為友生成之數，兩卦為生成共路夫婦卦。

「庚」指二運山水蒙卦䷃，「酉兼庚」為七運地水師䷆，卦運合二七同途。內三爻同為坎☵，外三爻合一六共宗生成之數，兩卦為生成共路夫婦卦。

「壬」指六運山地剝卦䷖，「子兼壬」為一運貪狼坤卦䷁，卦運及外三爻合一六共宗生成之數，內三爻同為坤☷，兩卦為生成共路夫婦卦。

「丙」指六運澤天夬卦䷪，「午兼丙」為一運貪狼乾卦䷀，卦運合一六共宗，外三爻合四九為友生成之數，兩卦為生成共路夫婦卦。

四六運為地元卦，一九運為父母天元卦。這裡說若來龍到頭一節之出脈在「甲庚壬丙」，不可有兼。

因廿四山每個山有兩卦半，牽涉三個卦，如「壬」山有「觀䷓、比䷇、剝䷖」，甚至有些牽涉四個卦，如「子」山有「剝䷖、坤䷁、復䷗、頤䷚」，左右皆雜，故說「只愛單行」，即是來龍到頭一節地脈要在一個六爻卦內，不可兼雜其他卦。

蔣氏用廿四山說六十四卦，一般人根本無法明白他的說法，他只有說：「兼左兼右」或「挨左挨右」而矣！這是最接近的說法，這樣不可能完全解釋清楚，否則就不會有「真道必須親傳」之說。

原文：**寅申巳亥。人元獨步。騎龍走出。不受人輔。兼來便雜。世罕能悟。乙辛丁癸。配向一路。乙辛丁癸。人元是水。傍母同行。獨行不美。**

巳亥可向。寅申亦配。一雌一雄。兩情交會。量山之法。在於審脈。觀其行度。隨其曲折。男女可分。微茫親切。地元人元。不宜有雜。

繼大師註：「寅」為九運水火既濟䷾，「寅兼甲」為四運風火家人䷤，「申」為九運火水未濟䷿

☵，「申兼庚」為四運雷水解䷧，「巳」為三運水天需䷄，「巳兼丙」為八運風天小畜䷈，「亥」為三運火地晉䷢，「亥兼壬」為八運雷地豫䷏。

「乙」為八運水澤節䷻，「乙兼辰」為三運風澤中孚䷼，「辛」為八運火山旅䷷，「辛兼戌」為三運雷山小過䷽，「丁」為四運火風鼎䷱，「丁兼未」為九運雷風恒䷟，「癸」為四運水雷屯䷂，「癸兼丑」為九運風雷益䷩。

「寅申巳亥、乙辛丁癸」八山之中，各佔一宮，「寅」在「離宮☲」，「申」在「坎宮☵」，「巳」在「乾宮☰」，「亥」在「坤宮☷」，「乙」在「兌宮☱」，「辛」在「艮宮☶」，「丁」在「巽宮☴」，「癸」在「震宮☳」。

這八山正線六爻卦之內三爻全分配在「乾☰、坎☵、艮☶、震☳、巽☴、離☲、坤☷、兌☱。」八宮之內，外三爻全屬震木、巽木、坎水、離火。

「寅申巳亥、乙辛丁癸」八山之中，向、水可互配。如「申兼庚」四運雷水解䷧向，作「丁」四運火風鼎䷱水口，或是鼎䷱向，配作解䷧水口，為同運挨星，為生成夫婦卦。

「癸兼丑」九運風雷益䷩向，作「寅」九運水火既濟䷾水口，或是既濟䷾向，配作益䷩水口。亦為同運挨星之生成夫婦卦，關係非常親密。

另外，亦可以龍、山互配，雷水解䷧四運來龍，配火風鼎䷱四運坐山，或「鼎䷱」來龍配「解䷧」坐山。九運風雷益䷩來龍，配九運水火既濟䷾坐山，或「既濟䷾」來龍，配「益䷩」坐山。

這裡說量度來龍之法，在於審來脈之氣，觀察其行度，看其脈之曲折擺動，可分別出來龍方向是男卦或是女卦，以便收取當元旺龍，分出地元卦或人元卦，不宜交雜其他元運之卦。

《入首卦第六》— 蔣大鴻著

繼大師註解

原文：**次察血脈。以審來龍。到頭八尺。真氣內充。氣止水交。堂聚其中。揣摩穴法。以窺化工。共路兩神。疑忌有雜。只論到頭。審清來脈。**

繼大師註：重點是平洋龍水交而氣止，水流屈曲抱穴，生氣聚明堂內，到頭一節以後方八尺為準。山崗龍亦如是，審清到頭一節來脈，不可兼雜其他卦，共路兩神，即：「向上有兩神。水上有兩神。」

原文：**陰錯陽差。其神帶煞。水亦可救。認水立穴。剖別山水。先看到頭。乘氣之法。細細推求。此處不錯。富貴可謀。此處若錯。喜變為憂。千囑萬囑。到頭括目。羅經照定。或兼或獨。山龍水龍。各有眷屬。分清水路。自然發福。**

繼大師註：量度到頭一節，山龍與水龍不同，山龍以旺為旺，水龍以衰為旺，陰陽切勿差錯。例如，山崗龍上元收一二三四之來龍，下元收六七八九之來龍，平洋水龍上元收六七八九之來龍，下元收一二三四之來龍。「兼」者來龍在兩卦雙山來，「獨」者來龍在一卦中來。來龍之來去線度，決定它是否當元，此點非常重要。

繼大師註解

《依龍立向第七》— 蔣大鴻著

原文：**支神出脈。幹神立向。有兼無兼。亦從脈辨。脈從幹出。向以支上。從支從幹。審脈決斷。前兼後兼。天玉宗旨。審龍立向。辨山辨水。**

繼大師註：「**支神出脈**」者即二四六八運之卦，「**幹神立向**」者即一三七九運之卦。如支神六運山地剝䷖來龍，立幹神一運乾卦䷀向，坐山為坤卦䷁與山地剝䷖為一六共宗，為生成共路夫婦卦。

原文：**連珠不放。四正而已。其餘山向。配合為美。挨星秘訣。陰陽兩路。陰陽順逆。入首起數。以視入穴。是何星主。隨元管局。誰能解悟。**

繼大師註：「**連珠不放**」出自於楊筠松著《天玉經》，見《地理辨正疏》武陵出版社印行第一六五至一六六頁，**《天玉經》〈內傳上〉**云：「**先定來山後定向。聯珠不相妨。須知細覓五行蹤。富貴結全龍。**」為一氣清純之大貴格局。

如「午」山之乾䷀龍，澤天夬䷪之坐山，「子兼壬」山之山地剝䷖向，「子」山之坤䷁水口，為**「一六四九雙雙起」**之格局。

又如「午」山之乾䷀龍，「巽」山之泰䷊坐山，「乾」山之否䷋向，「子」山之坤䷁水口，為乾坤之大局，為一九運父母卦，此等大局均在四正及四隅之處，是天下第一等龍。

〈水口卦第八〉——蔣大鴻著

繼大師註解

原文：**要看城門。真龍駐足。眾水交會。真氣內畜。獅象龜蛇。禽星特出。無此貴格。不須寓目。**

繼大師註：「城門」即水口，穴有天然大局之出水口，亦可在拜臺內開人工出水口，煞出衰卦，則旺氣入穴。穴前眾水交會處，無論來去，亦屬於水口之一，為水口管局。水口處有山丘或石山，形像飛禽走獸、獅象龜蛇等，皆屬貴格。

原文：**城門一訣。豈待外來。龍水交會。內氣兜收。鎖得元精。不至旁流。合得三般。一段盡搜。**

繼大師註：平洋龍之城門出水口，穴前要屈曲環抱吉穴，兜收明堂內氣，關鎖生氣，不使流走，合得父母三般卦；一九父母運及二八運為天元卦，三七運為人元卦，四六運為地元卦；穴向及城門出水口要合同運之挨星卦及衰旺，方為大吉。

原文：**城門妙訣。原論挨星。陽順陰逆。九宮飛臨。四個之一。遂位流行。四吉四凶。以辨水神。又看流神。不可差分。去路固重。來路亦論。**

繼大師註：城門出水口在於同運之挨星，配合零正衰旺，始能發福。如一運坤卦☷主運，穴前見水則屬陽，為順飛九宮，二到後天西北乾☰，三到後天西方兌☱，四到後天東北艮☶，五黃到後天南離☲，五黃掌運，即一運南方丙午丁見水。

一運坤卦☷主運，若穴前見山則屬陰，為逆飛。九到後天西北乾☰，八到後天西方兌☱，七到後天東北艮☶，六到後天南離☲，五黃到後天北方坎☵，五黃掌運，即一運北方壬子癸見山，為山與水相對，如此類推。蔣大鴻曰：「**向上有兩神。水上有兩神。故曰四神。**」

「四吉四凶」者，即上元收一二三四之山則吉，收六七八九之山則凶。下元收一二三四之水則吉，收六七八九之水則凶。「流神」者為水流之來路及去處，要分辨水神來去之方向，以定吉凶。

原文：**一毫有褋**（雜）**。禍患踵門。龍水坐向。厥重惟均。流神利害。元氣為之。有吉有凶。乃其所司。特朝一點。招攝靈奇。凝聚局內。速發何疑。**

繼大師註：平洋龍以水流為龍，尤重水流之形態及方向，以屈曲環抱為吉，以直、尖為凶。流神卦氣，不可混雜他卦，謂之卦氣不清純，影響吉凶。穴前正對特朝之山，看其卦象，自然立向，正收朝峰，定出元運，巒頭理氣，兩者配合，可掌吉凶。

原文：**步水之法。與山不同。專論卦氣。測其吉凶。倒看元運。別有化工。山靜水動。一西一東。山靜水動。從地從天。一覆一仰。相反照然。倒水步雲。其理非偏。參透此旨。可以探玄。**

繼大師註：此處說明平洋水龍，其水路流神，全仗卦氣主掌吉凶，來水口，去水口，穴之立向，以定生死禍福。「**倒看元運**」者為平洋水龍之卦氣以衰為旺，不像山龍，以旺為旺。

原文：**來宜衰方。去宜從死。衰即是旺。死亦非死。上元八九。下元一二。四吉四凶。倒用玄機。只看本運。不參局堂。審定八方。以察水路。尅入為吉。曲折相顧。去來不清。定遭嫉妒。**

繼大師註：無論水流之來或去，卦氣必定是衰死，水以衰死為旺故也。上元六七八九對下元一二三四，卦氣四吉四凶，以造葬之元運，定出當元卦氣以立向，如一運收九之水，二運收八之水；九運收一之水，八運收二之水，如此類推，卦氣要清純，不雜其他失元卦氣，水流要屈曲環顧，方為大吉。

〈明堂三局第九〉── 蔣大鴻著　繼大師註解

原文：**卦立三般。鈎松妙訣。一共四七。二連五八。三九與六。永為定格。兩路相交。顛倒順逆。是用九宮。分定厥位。求端於天。妙乎對待。用以倒排。其序莫昧。左旋右旋。元空最貴。**

繼大師註：這並非是沈氏玄空學上三般卦，在巒頭尅應來說，左方一四七房，中間二五八房，右方三六九房；這是固定的看法，配合六爻卦理氣之三般卦，斷出房份之尅應，三般卦為父母天元、人元及地元，為挨星妙訣之一，有卦之左旋右旋，又有卦爻之左旋右旋，陽順陰逆。

卦之對待，龍山向水之配合上，有倒排之法，例如，坤卦䷁來龍，地天泰䷊向度，天地否䷋坐山，乾卦䷀水口，龍與向及坐山與水口，這兩組卦之組合，其外三爻相同，內三爻合十，此為之倒排之一種。

另一種倒排是覆卦關係，如地山謙䷎來龍，山地剝䷖坐山，澤天夬䷪向，天澤履䷉水口，為六運一卦純清大局。

原文：**北斗七星。如何打劫。九宮定位。七星跋涉。**

繼大師註：七星打劫表示在八大宮位中有八個六爻卦，其中一個六爻卦，無論是本身的體卦，或是倒轉來看，其卦象不變，倒轉來看即是「綜卦」，此謂之：「爻反」，即「翻卦」。

「七星打劫」表示除了每一個宮位的不動卦外，其餘每個宮位內的七個六爻卦便是「七星」。以註者繼大師的認知，它們有劫取其他元運的能力，所以名「七星打劫」。

原文：**破軍所臨。巧取其穴。環而佈之。坎與離合。先天倒排。七星順挨。倒須隔位。順由宮推。以求坎離。三卦與偕。同宮山水。須要分開。七星順序。本宮推起。每宮三位。有山有水。**

繼大師註：「破軍」者七運卦破軍星也，八大宮位中，每宮均有一個七運卦。「**坎與離合**」者，先天坎☵七運，與先天離☲三運合十。逢三運七運，其卦爻為順挨，即逆時針方向排。

「**七星順挨**」、「**每宮三位**」者，如坤宮內除「子山」之坤卦䷁不動卦外，其餘三卦為「壬山」之比䷇七運卦，「亥山」之晉䷢三運卦，「乾山」之否䷋九運卦，卦爻順挨，為逆時針方向排。其餘各宮排爻之法均與此同。

「**倒排**」者是表示卦象在龍山向水的配合時，龍與向之外三爻相同，內三爻合十；坐山與水口之外三爻相同，內三爻合十。如比䷇龍，需䷄向，晉䷢坐山，大有䷍水口。

水地比卦䷇來龍，與水天需䷄向，其外三爻相同，內三爻合十。火地晉䷢坐山，與火天大有䷍水口，其外三爻相同，內三爻合十。

此為之倒排，原則上，水地比卦䷇及火天大有䷍七運，與水天需䷄及火地晉䷢三運為合十輔助兄弟卦。

註者繼大師現將八大宮位的各一個「**不動卦**」列之如下：

乾宮☰ — 乾卦䷀

兌宮☱ — 風澤中孚䷼

離宮☲ — 離卦䷝

震宮☳ — 山雷頤䷚

巽宮☴ — 澤風大過䷛

坎宮☵ — 坎卦䷜

艮宮☶ — 雷山小過䷽

坤宮☷ — 坤卦䷁

楊筠松著《天玉經》〈內傳〉云：「**倒排父母蔭龍位。**」張心言補註《疏》：「如收恆卦䷟之龍。從震卦䷲轉來。收益卦䷩之水。從巽卦䷸轉來。恆䷟以震䷲爲父母。益䷩以巽䷸爲父母。是爲倒排。惟復䷗姤䷫二卦不能如此推排。則以三陽水向法裝之。一說單論四十八局。亦爲的當。」

原文：**相見不寧。打劫爭忌。高人分用。契合玄機。元空大卦。不外三般。天心已合。立向何難。**

繼大師註：山有收山之卦，水有收水之卦，若穴前山水混雜，卦氣不能清純，其中山水又分大小遠近，全憑審氣工夫定卦向，配合三般卦定出天心卦運，立向定吉凶。

原文：**水來歸水。山來歸山。一家眷屬。允契玄機。局管初年。禍福立見。消息堂氣。觀其開面。只要純淨。不宜交戰。暗流亦同。明流愈顯。**

繼大師註：定穴立向後，以當元卦運為要，當前大局配合卦氣，禍福立見。以造葬時運配合卦運，如二運收二天心正運山龍卦氣，即大旺也；若收八之山龍卦氣，凶禍立見。

卦氣要一家骨肉，如遠方有天雷無妄䷘來水，又有風雷益䷩近水插入環抱吉穴，穴正前方山雷頤䷚有特朝之貴峰，立山雷頤䷚向，風雷益䷩為九運父母卦，變四爻子息為天雷無妄䷘，變五爻子息為山雷頤䷚，此為之一家骨肉。

原文：龍與向，或龍與水，不宜交戰，如八運龍，穴立二運向，即是龍與向交戰，水口用八運正神卦，水以衰為旺，是八運煞水也，即是龍與水交戰。

繼大師註：如二運天雷無妄䷘來龍，穴立八運澤水困卦䷮向，為龍與向交戰，穴立八運天風姤䷫水口，為龍與水交戰，如此類推。

〈九宮挨星第十〉——蔣大鴻著　繼大師註解

原文：**來山來水。挨星最貴。此處一差。寧不為累。今人審運。殊屬憒憒**（憒——昏亂）**。洩漏玄機。驚神泣鬼。**

繼大師註：此處一再説明穴前山水零正審氣工夫，使用挨星，配合卦向元運。

原文：**零神正神。亦觀所遇。裝正扒零。審運而已。四吉裝正。扒零則忌。四凶扒零。裝正不喜。**

繼大師註：穴上墳碑立向，用正神卦收山，用零神卦收水，配合造葬元運，每宮八個六爻卦，四個正神，四個零神，上下元運，山水零正互變，撥水入零神，人工水口出零神卦，則旺氣入穴，須得明師真傳。

原文：**來山去水。原分兩局。不同而同。一氣連屬。知此運用。始能造福。造化在手。功效神速。**

繼大師註：「來山」指山崗龍之來龍到頭一節，為龍之入首，收正神旺卦，「去水」指穴前大局出水口，其方位要在零神衰卦上，龍之入首及大局水口，是決定龍運屬何元運之重要線索，能知此運用者，則能造福於人。

原文：**五行生尅。取用貴明。流神剋入。來脈要生。憑運分別。生尅始清。一有混襍**（雜）**。如行敗荊。挨星不到。其位即空。流神衝破。衰敗無窮。**

繼大師註：「五行生尅」即是卦之衰旺，配合山水元運，吉凶定能掌握在手中。「流神」指水流之流向及在穴上的位置屬何卦，對穴場是否有沖尅，其挨星又是同運或合十輔助兄弟卦運，配合當元元運而產生衰敗。

原文：**陽卦損男。陰卦損女。先天卦斷。後天參用。向中放水。亦取尅入。流神之通。倒看乃的。尅即是生。生入不吉。欲知方位。四個之一。**

繼大師註：以先天卦斷吉凶，後天卦作參考，先天陽卦者為：「乾☰、震☳、坎☵、艮☶」，有沖破者損男。先天陰卦者為：「坤☷、巽☴、離☲、兑☱」，有沖破者損女。穴前向度，見水則宜尅入，見山則宜生入，故流神生入不吉。

但亦有例外，如前方收水或收山，卦氣錯收，陽卦者傷女，陰卦者傷男，筆者繼大師親見有兩處穴地均是如此。

蔣大鴻曰：「**向上有兩神。水上有兩神。故曰四神。**」一二三四對九八七六，八神相對，故曰：「**四個**」，「**四個一**」者，各卦皆變一爻，江東一卦也。

《三元氣運第十二》— 蔣大鴻著

繼大師註解

原文：**三元氣運。分別衰旺。衰死莫修。生旺宜速。逢時知士。隨元安放。運若未到。空勞夢想。衰運之墳。千萬莫修。煞氣驚動。一門立休。百禍相侵。神盡難救。勿動為吉。尋吉補助。**

繼大師註：無論陽宅或陰墳，在當元可以修造，若逢失元煞運，切勿修造，造後災禍速臨。

原文：**得運之地。如種及時。速種速發。特理之宜。人生在世。七十古稀。得運灌蔭。乃沐榮施。**

繼大師註：穴地得地氣，加上墳碑立向得元運，所謂得時得利，必受福蔭。

原文：**運分三元。一元六十。山上排龍。入首勿失。審氣分元。以窺入穴。順逆挨定。須合三吉。**

繼大師註：元運分大小三元，小三元以廿年為一運，上元一二三運有六十年，中元四五六運有六十年，下元七八九運有六十年，共一百八十年。

又有上下二元之說，上元一二三四運及五運前十年共九十年，下元六七八九及五運後十年共九十年，適用於小三元元運。

大三元元運，以六十年為一個元運，剛好就是小三元之上元，或中元，或下元之六十年元運。九個元運共五百四十年，互相循環不息。國家元首辦公之地、大廟宇、元首祖墳等，均用大三元元運推算。

山崗龍之來龍入首，審其卦氣，分其元運，以定穴向，穴前山水，順逆排其卦氣爻神，挨定所屬當元卦運，須合三吉星，三吉者，即合十、合生成及合陰陽也。

原文：**主運固明。餘運不衰。四吉四凶。就安去危。若合元空。運發如雷。陰陽得配。一例同推。**

繼大師註：造葬若是當運合卦向，餘運並不衰敗。「**四吉四凶**」者，如上元一二三四收山吉，到下元一二三四收山凶，風水輪流轉。合得元運，則一發如雷。向要旺，水口要衰，此謂之：「**陰陽得配**」。

原文：**九星雙起。其法甚秘。來山去水。雌雄互異。陽順陰逆。山水一理。水辨來源。山辨入氣。**

繼大師註：「九星雙起」即《地理辨正疏》〈卷首〉〈卦圖口訣〉：「**一六四九雙雙起。夬姤剝復顛顛倒。往來闔闢團團轉。卦象順逆爻爻到。**」夬䷪之綜卦為姤䷫，剝䷖之綜卦為復䷗，此為之：「**顛顛倒**」。

水屬陽順排，山屬陰逆排。「**水辨來源**」即平洋龍之來龍入首到頭一節。「**山辨入氣**」，即山崗龍之來龍入首到頭一節，來龍到頭一節必要與穴墳碑向度相合，不要出卦。

原文：**到頭一節。須論生旺。上元一白。二三同黨。四巽一宮。中元所管。並作四吉。上元同看。元卦三位。一二同墜。四卦生旺。九十年內。山脈值此。定然富貴。四卦所值。分定年位。值年之卦。其力愈顯。同隊之卦。亦堪欣羨。陰陽兩度。取用活變。精而求之。其義非淺。**

繼大師註：一白運、二黑運、三碧運、四綠運及五黃運前十年為上元，五黃運後十年及六白運、七赤運、八白運、九紫運為下元。中元雖管四綠運、五黃運、六白運，四巽綠運與一白運同看。故云：「**四巽一宮**」。

論生旺則四吉四凶，上下兩元，陰陽兩度，每元各佔九十年運，時值當運卦氣則大旺，其力大而明顯；若造同元卦運，雖非當旺，亦可發福。

〈尋龍認穴第十二〉— 蔣大鴻著

繼大師註解

原文：**峽前峽後。亦可尋龍。幹身分出。數節氣鍾。借幹纏護。巧奪天工。自成堂局。福力攸榮。**

繼大師註：來龍山脈在行進間，由一個山峰去另外一個山峰，峰與峰之間有凹位，為之「跌斷」，若是大山大嶺脈厚而大之行龍，至即將結穴前不遠處出現「跌斷」，可以稱之為「過峽」。若行龍由幹龍分出而來，以幹龍龍身為纏護之脈，結穴處前方有堂局，則真結也。

原文：**凡為凹缺。為禍最烈。不拘方位。逢之即滅，不拘元運。逢之即絕。陰基陽居。都怕此擊。**

繼大師註：「凹缺」是兩峰之間的凹位，稱為「坳峰」，風從中間吹過，稱為「坳風」，坳風在穴左方吹射，主傷大房，在右方吹射，主傷三房，「坳峰」有濶有窄，窄者稱為「箭風」。

現代之高樓大廈，大廈之間有夾縫，現代人稱為「天斬煞」，無論出現在任何方位，任何元運，陰基陽居都要避開「箭風」，否則有凶險。

原文：**砂法之秘。在於化曜。要在盤內。實幹探討。蔭貴權印。刑囚難保。向上分經。串出乃好。**

繼大師註：穴上四週可見範圍內的所有山巒地物，稱之為「**砂**」，「**化曜**」者，無論來龍或在穴上可見的山巒，要由巖巉脫化為秀麗。另一種「曜星」是在穴左右方山峰頂上出現的大石頭，聳立朝天，其勢要向外方射出，不可射向穴方。

又穴前方內托之下方，出現三角形砂物，尖角之頭向外，而穴上不見，此為之「**官星**」。墳碑在立向上要生旺，「官、曜」二星要在穴方之吉位，配合元空大卦，皆主權貴，若在煞方則易犯刑囚。「**串出**」者，曜星相連也。

原文：**理法已明。其勢宜辨，一言蔽之。特來開面。凡目所見。不離這件。觀形察勢。團聚可羨。形家之言。汗牛充棟。形止氣蓄。一言足誦。砂水交會。由遠而近。主僕分明。太極有暈。**

繼大師註：觀察山巒形勢，看穴星之開面，砂水交會，穴正靠父母主星，內堂平托肆正，夾耳朝案，遠近分明，十字四應，堂局相就，穴內有太極暈，此真結之穴地也。

原文：**貴賤認龍。吉凶辨砂。不正惡狀。煞身亡家。反背迫壓。破碎磋跎。皆指凶禍。勿見為佳。**

繼大師註：認清龍之貴賤，貴龍必然剝換變化，山脈左右作護纏，龍身至結穴範圍，沒有巉巉碎石，朝案及左右龍虎均朝向吉穴，沒有反背側身，前砂不壓迫，堂局從容不迫，皆大吉之穴。

原文：**貧富論局。亦論得水。局圓水抱。朝拱亦美。最怕割腳。沖射尤忌。反背傾斜。不見為貴。**

繼大師註：穴前羅城山勢高聳，三陽堂局具足（三陽堂局即：「內堂、中堂及外堂」也。），山環水抱，穴定收逆水局，朝拱當正中，內堂平托深潤，水不割腳，山不反背傾斜，大地也。

《山洋別法第十三》— 蔣大鴻著

繼大師註解

原文：**山法洋法。各有專家。比而用之。其亂如麻。量山步水。宗旨毋差。我今區別。造福無涯。洋法坐空。水繞歸後。不用砂關。只要水抱。以水為龍。水繞獨厚。堂寬勢高。漸高乃妙。洋貴得水。勿貪秀峰。前高後低。高要雙容。後低非漕**（漕 — 水道）**。靈秀所鍾。左右平抱。高迫則凶。**

繼大師註：平洋龍法中，以水流屈曲環抱為主，穴坐後靠空，水繞「之玄」於穴後，不用砂物關闌，穴前略高，穴後略低，但並非是水流，即收逆水，得水為上。穴之左右有水流環抱，穴前沒有高迫之砂物，生氣融會。注意水流的交會處，勿貪峰失向，配合元空大卦，選取當元旺運。

原文：**又有平陸。非洋非山。法宜詳究。找穴尤難。高處之穴。陽極陰生。此為交媾。妙理可參。東氣包裹。與山相同。坐空朝滿。與洋同訣。淺深憑界。左右憑夾。逆朝用案。橫龍貼脊。**

繼大師註：「平陸」即平陽地，水流較少，平坡之地形，沒有山峰山丘。若穴在平坡上，較為乾爽，不易受界水濕氣之煞所侵，與平洋龍之穴地相同，左右有微微凹位作穴之界水，守護吉穴。

穴要坐空朝滿，前方有彎橫而順弓拱抱的水流，水流之外為略高出的平地，此為穴之逆水橫案，主速發也。若是橫龍結穴，穴須緊貼橫龍之脈，緊接來氣。

原文：**分元辨運。乃與洋同。倒用玄機。推算有功。倒看方位。以西作東。上元下元。四吉四凶。**

繼大師註：龍、向在正神，坐山、水口在零神，切勿顛倒相配。在山崗龍而言，上元一二三四及五運前十年，共九十年元運，以一二三四為正神山，收龍、向大吉，收坐山、水口大凶，須用六七八九之零神收水及坐山。

下元六七八九及五運後十年，共九十年元運，以六七八九為正神山，收龍、向大吉，收坐山、水口大凶，須用一二三四之零神收水及坐山。

在平洋龍而言，上元一二三四及五運前十年，共九十年元運，以六七八九為正神水，收平洋來龍、收向大吉，收坐山則大凶，須用一二三四之正神收坐山。下元六七八九及五運後十年，共九十年元運，以一二三四為正神水，收水龍、收向大吉，收坐山大凶，須用六七八九之正神收坐山。

另外，平洋龍之穴向收水，則不用人工水口出煞，以天然水流之交會處及出水口處為主，卦在零神，方合法度。

〈納氣吉凶第十四〉——蔣大鴻著　　繼大師註解

原文：**墓氣從地。宅氣從門。門旺路吉。出入亨通。財丁兩盛。其樂融融。門旺宅衰。亦不為凶。宅旺門旺。連發可決。宅旺門衰。其法乃歇。若見水光。救敗亦捷。水位宜衰。元機盡洩。**

繼大師註：陰宅墓穴，着重地氣，以真龍結穴為主。陽居重於門之方位及門路方向，生氣入門最為重要，能使家宅旺盛。陽居不要建在窩凹之地上，以免犯上界水而諸事不順，或致疾病纏身等。避卻界水，加上屋向及門路生旺，則財丁兩盛。

如門向生旺（指村屋之圍門）而屋宅向衰，亦不為凶。若屋宅向旺及門（指村屋之圍門）亦生旺，則可發旺。宅屋宅向旺而門路（指村屋之圍門）向衰，則宅舍衰歇。若門外有水，如向西方，日落有日光反射，其水力倍增，若向度及方位在衰方，則反衰敗為生旺，尅入也，此乃秘中之秘。

原文：**人煙稠密。巷路宜詳。巷沖不吉。況在衰方。急宜隔截。隔蔽不妨。若受沖煞。人口必傷。**

繼大師註：此段文字，與蔣氏著《**黃白二氣**》之句語相同，在大城市人煙稠密，有窄巷窄路沖屋則凶，若在衰方更甚，宜設圍牆阻擋着，免受沖煞，使人口平安。

原文：**平原曠野。四山遠隔。不怕風吹。只怕陰煞**（指界水）**。田壠水圳。切忌沖脈。不拘方位。總歸凶烈。**

繼大師註：平陽地近處平坦，遠處始有山群，坐下切忌是窩凹之地，為界水之水煞，穴怕田壠灌溉用的「直水」沖射，任何方位都具凶險。

原文：**乃有嶠星。高樓峻閣。迴風返氣。隨方反撲。百步之內。毋執常說。精求元運。知旺知煞。山營之宅。四山皆近。固要開陽。又分動靜。動則出頭。靜乃平頂，迴風返氣。出頭處認。**

繼大師註：城市中的高樓大廈，大廈對大廈，此為之「**嶠星**」，百步之內，天光之氣下臨，迴風返氣，元運配合，知生旺及煞氣。郊區之陽宅，雖然四週山勢皆近，宅前應要開陽，最好留有平地作明堂。山勢與屋頂高度相等為之「靜」，這裡一再強調，山勢高於屋頂為之「動」，這段說得非常精彩，又「**迴風返氣在於出頭處認**」，在蔣氏之平常著作中很少出現，只在《黃白二氣說》內有提及，此乃秘中之秘。

原文：**以上諸篇。務宜細研。潛心究窮。先天後天。道明理達。始是真緣。可以無罪。可以為賢。**

繼大師註：蔣氏著《字字金》，將真訣表露無遺，說得非常精彩恰當，句句要旨，似是寫給嫡傳弟子之口訣，但必須得明師真傳，否則亦是枉然。

《本篇完》

（十六）《黃白二氣說》——蔣大鴻著

繼大師註解

原文：**客問地理家平地立局之旨何居？**

繼大師註解：有客人問，風水地師在平地上擇地而居，其宗旨如何？

原文：曰：**昔有至人。玄默忘形。升神太虛。乍離黃壤。未即高天。垂光俯視。萬里如掌，諸象莫睹。惟見黃白二氣。**

繼大師註解：過去有大德之人，在禪定之中忘卻自己，自覺升入虛空之中，迅間離開黃土大地，未幾彷如在天上，向下俯視，萬里如手掌般大，沒有什麼可見，只看到黃氣及白氣。

原文：**縱橫四馳。散布瀰漫。若和風揚砂。動而不疾者。黃氣也。**

繼大師註解：黃白二氣，向四方奔馳，濃罩及佈滿整個大地，像溫和的風在山脈及平地上飛揚，移動而不快，此即黃氣也。

原文：**經緯橫施。蜿蜒不斷。勢隆隆起。綿若匹練。聚若縈雪。有光耀物。外柔中堅者。白氣也。**

繼大師註解：橫直移動，屈曲而連綿不絕，行進中，其勢隆隆有聲，綿綿不絕，如一匹長幅白絹。

譯者繼大師曾考察長江三峽大壩上游之一節，在近奉節縣有白帝城，相傳為諸葛亮 — 孔明先生所點取，後方為瞿塘峽，正是水流由濶變窄，由大變小的轉化處，背靠一個尖峰山，像披著鐵甲的將軍，名「赤甲山」，白帝城逆收長江水流，因收白色水氣，故稱「白帝城」。

白氣當凝聚時像白雪，反光耀眼，外圍柔順，內裡堅聚，此是白氣也。

原文：**黃氣者，大塊之土氣。白氣者。江湖溪澗之水氣也。白氣界于黃氣之中。並行而分道。**

繼大師註解：大塊的土地名曰：「黃氣」，江、湖、溪澗之水氣名曰：「白氣」。水氣蓄止著山脈及平地上的土氣，向同樣方向分別地前進。

原文：**黃氣所至。遇白氣輒止。白氣為城垣。黃氣為雲煙。白氣為囊橐　。黃氣為餱糧。**

繼大師註解：山脈或平地地脈所經過的地方，遇見水氣則地氣立止，（輒音接，立即之意。）白色的水氣如城牆，黃色的山脈及平地的地氣如雲煙，白氣如木盒，（囊橐音狠托，古代盛裝錢財的木盒。）黃氣如食糧（餱糧音侯艮），如糧食被木盒所盛載着。

原文：**地理家依水立局。乘止氣也。白氣為引。黃氣為隨。眾引所交。其隨則聚。**

繼大師註解：風水師依水流之形勢而選擇地氣所凝聚的位置，擇地造葬或卜居陽宅於地氣所止之處，以水流（白氣）之流向，引導地脈脈氣（黃氣）使跟隨之，在眾水流所引領而交織下，平地上地脈之脈氣亦隨水流之形勢而止聚。

原文：**故水欲其合。白氣直流。黃氣直隨。白氣蠕動。黃氣瀠迴。直隨則散。瀠迴則聚。故水欲其折。**

繼大師註解：因此，水流要匯合，水氣直流，地氣一直相隨，水氣整體彎環緩慢的移動，地氣則迂回屈曲，（瀠洄音盈回，彎曲之意。）若地脈直隨長直的水流，地氣則散去，若水流屈曲地氣則聚止，因此水流要曲折則有情。

原文：**白氣一遇。黃氣一止。白氣再遇。黃氣再止。如是三四。如是五六。以至于無窮。少遇則薄。多遇愈厚。**

繼大師註解：由於水流屈曲，平地地脈被水流兜截，地脈便稍止，然後繼續前進，遇水流再截，則再止，如是者三、四截或五、六次截，甚至無數次被水流之氣所兜截，則地氣愈厚，相反地，兜截的次數愈少，則地氣愈薄。

原文：**故水欲其重。白氣長梗。黃氣雖止。無所依戀。無所扳援。乃從左右背走。止而終散。必有枝條槎枒。氣乃得留。**

繼大師註解：所以水流要重重圍繞及兜抱，若水流直長橫截地氣，地氣雖止，但不能凝聚，無彎曲的水流兜抱關鎖，地氣便從直水兩旁散去，不能蓄聚，必須直水流中間內，左右有枝條突出作槎枒，像樹枝的丫槎一樣，把生氣鎖著，氣始能留下。

原文：**故水欲其界。界而平直。止止復行。故水欲其圜。我穴其圜。左右並歸。若水斷際。反為水源。黃氣為眾水所拘。遇斷得門。黃氣從門而出。無所得獲。不出則無所不獲。故水欲其通。**

繼大師註解：因此水流要平直的界斷地脈，使地氣有所止聚，水流一界，地脈一止，止了又再行，如是者繼續前進。穴前有水流順弓形環抱，左右兩邊兜抱，氣聚於順弓形水流中間處，若水流斷掉並停止，是為「斷流」，這反而成為水流的源頭。

平地上的脈氣，被眾水流所拘留，若遇上兩條分開的斷流，則地上的脈氣，從兩條斷流中間而過，這處是為地脈脈氣之門，而水流不能把脈氣關鎖着，若地脈脈氣被環繞的水流所束縛不能出去，則地氣全被水流截獲，所以水流要貫通。

原文：**小水在南。大水在北。我雖依南。不耑于南。小水在東。大水在西。我雖依東。不耑于東。親疎**（同疏）**分情。賓主分勢。當知親親而等疎。主主而禮賓。**

繼大師註解：平洋水龍中，以大水為幹流，小水為支流，大小水相連，地氣只聚於彎環屈曲的支流內，穴不結於大水流上，除非是平洋都會，如泰國曼谷市，中心處有湄公河（Mekong River）彎環屈曲，使生氣凝聚，是平洋地區以水流屈曲而結聚的城市。

若穴位在南方小水流附近，大水流在北，穴雖依靠着南方的小水流的生氣而結聚，但並非在南方而固定不變，（耑音專，固定不變之意。）因大小水相連，故大水的生氣源源不絕的來，小水是息道（斷流），小水插入橫過之大水，則小水中間地方範圍內，始能把地氣蓄止着，所以小水水氣之流動，並非固定不變的。

小水在東，大水在西，其道理相同，只是水流遠親近疏及賓主的關係而已，以本身聚氣穴位之處為「主」，穴以朝水為「賓」。

原文：**故大江大湖之旁。外氣內氣，交橫于此。建都立邑。置宅安塋。參量均衡。有不可廢。非獨水也。**

繼大師註解：因此，大江大湖之側旁，以結穴地點來說，左右的支水抱穴為內氣，以遠處朝水為外氣。水流的結作，大至可以結作一個城市，筆者繼大師曾觀察衛星高空圖，發覺中國的合肥市，是一大片平地內，四周有水流環繞，把地氣關鎖着，正是此等平洋龍的結作城市。

平洋龍結地，小可結陽居之穴，最小則結陰墳，水流大小及數量平均，不可缺少也，這並非單只水流而言。

原文：**高山茂林。巍居峻郭。皆足以回風反氣。自高及下。逼黃氣之來歸，橋樑街道。車馬人跡之所往來。亦足以振動黃氣。動則引之使來。靜則限之使止。斯非至精。孰能與於斯乎。**

繼大師註解：高山茂盛的樹林地區，或是高大的建築物，皆足以使生氣迴返，以致生氣顛倒相配，由於生氣由高而下，逼使山脈之氣下降，是為晉、郭璞著《葬書》〈內篇〉所說的：

「天光之氣。」及**「天光下臨。」**

在橋樑、街道及馬路上行駛的車輛，人車往來之處，足以振動山脈或土地之氣（黃氣），或引發土地之生氣而來，或限制，或靜止土地的生氣而使它停留在一起，若非深入研究，又有誰人能知道呢！

《本篇完》

（十七）《黃白二氣說》全文意譯 ── 蔣大鴻著

繼大師將《黃白二氣說》全文意譯如下：

有客人問，風水地師在平地上擇地而居，其宗旨如何？

答：過去有大德之人，在禪定之中忘卻自己，自覺升入虛空之中，迅間離開黃土大地，未幾彷如在天上，向下俯視，萬里如手掌般大，沒有什麼可見，只看到黃氣及白氣。

黃白二氣，向四方奔馳，濃罩及佈滿整個大地，像溫和的風在山脈及平地上飛揚，移動而不快，此即黃氣也。

橫直移動，屈曲而連綿不絕，行進中，其勢隆隆有聲，綿綿不絕，如一匹長幅白絹。白氣當凝聚時像白雪，反光耀眼，外圍柔順，內裡堅聚，此是白氣也。

大塊的土地名曰：「黃氣」，江、湖、溪澗之水氣名曰：「白氣」。水氣蓄止著山脈及平地上的土氣，同樣方向而分別地前進。

山脈或平地地脈所經過的地方，遇見水氣則地氣立止，（輒音接，立即之意。）白色的水氣如城牆，黃色的山脈及平地的地氣如雲煙，白氣如木盒，（囊橐音狼托，古代盛裝錢財的木盒。）黃氣如食糧（餱糧音侯良），如糧食被木盒所盛載着。

風水師依水流之形勢而選擇地氣所凝聚的位置，擇地造葬或卜居陽宅於地氣所止之處，以水流（白氣）之流向，引導地脈脈氣（黃氣）使跟隨之，在眾水流所引領而交織下，平地上地脈之脈氣亦隨水流之形勢而止聚。

因此，水流要匯合，水氣直流，地氣一直相隨，水氣整體彎環緩慢的移動，地氣則迂回屈曲，（縈迴音盈回，彎曲之意。）若地脈一直隨着長直的水流，地氣則散去，若水流屈曲，地氣則聚止，因此水流要曲折則有情。

由於水流屈曲，平地地脈被水流兜截，地脈便稍止，然後繼續前進，遇水流再截，則再止，如是者三、四截或五、六次截，甚至無數次被水流之氣所兜截，則地氣愈厚，相反地，兜截的次數愈少，則地氣愈薄。

所以水流要重重圍繞及兜抱，若水流直長地橫截地氣，地氣雖止，但不能凝聚，無彎曲的水流兜抱關鎖，地氣便從直水兩旁散去，不能蓄聚，必須在直水流中間內，左右有枝條突出作槎枒，像樹枝的丫槎一樣，把生氣鎖著，則生氣始能留下。

因此水流要平直的界斷地脈，使地氣有所止聚，水流一界，地脈一止，止了又再行，如是者繼續前進。

穴前有水流順弓形地環抱，左右兩邊兜抱，氣聚於順弓形水流的中間處，若水流斷掉並停止，是為「斷流」，這反而成為水流的源頭。

平地上的脈氣，被眾水流所拘着，若遇上兩條分開的斷流，則地上的脈氣，從兩條斷流中間而過，這處是為地脈脈氣之門，而水流不能把脈氣關鎖着，若地脈脈氣被環繞的水流所束縛不能出去，則地氣全被水流截獲，所以水流要貫通。

若穴位在南方小水流附近，大水流在北，穴雖依靠着南方的小水流的生氣而結聚，但並非在南方而固定不變，（耑音專，固定不變之意。）因大小水相連，故大水的生氣源源不絕的來，小水是息道（斷流），小水插入橫過之大水，則小水中間地方範圍內，始能把地氣蓄止着，所以小水水氣之流動，並非固定不變的。

小水在東，大水在西，其道理相同，只是水流遠親近疏及賓主的關係而已，以本身聚氣穴位之處為「主」，穴以朝水為「賓」。

高山茂盛的樹林地區，或是高大的建築物，皆足以使生氣廻返，以致生氣顛倒相配，由於生氣由高而下，逼使山脈之氣下降，是為晉、郭璞著《葬書》內篇所說的：「天光之氣。」及「天光下臨。」

在橋樑、街道及馬路上行駛的車輛，人車往來之處，足以振動山脈或土地之氣（黃氣），或引發土地之生氣而來，或限制，或靜止土地的生氣而使它停留在一起，若非深入研究，又有誰人能知道呢！

《本篇完》

（十八）《天驚三訣》註解 ── 蔣大鴻著

繼大師註解

《天驚三訣》註解者說明 ── 繼大師

《天驚三訣》者為：

（一）河圖精義

（二）洛書精義

（三）先後天卦精義

內容說出山水的零神、正神及照神，但沒有說出催神。蔣氏引用後天卦說先天宮位，說得非常隱密，讀者必須認清先後天卦宮名稱及位置，方便瞭解。至於在風水上的使用，必須得明師真傳，始能明白。所有八卦以至六十四卦，均出自〈河圖洛書〉。

除風水形勢上得地氣之外，其方向、方位均為風水中的理氣，加以時運，就是三元元空大卦。它主宰着時運的吉凶，配合巒頭，則世間的妻財子祿，富貴功名，全包含在其中矣。蔣氏著此《天驚三訣》，是將〈河圖洛書〉之學理重新演繹，使用在風水上，能逆轉個人之命運也。

《天驚三訣》——蔣大鴻著——繼大師註解

(一)《河圖精義》——蔣大鴻著

繼大師註解

原文：**河圖為地理之原。其實為天運之本。生死之機。互乘於此。而定廢興之代謝。由是而名。蓋天一生水。地六成之。水為北方。故天之一在北。地之六亦在北。一生一成。相為經緯。故天一當令為正神。即取地六之正神以助之。地六當令為正神，即取天一之正神以助之。而取洛書方位對面之九。與四為零神。此處言零神、正神。尚未屬方位說。勿誤解。此謂一六共宗。**

繼大師註：當我們知道三元羅盤內外盤之排列次序後，以外盤六十四卦所顯示之卦象理數，配合山河大地之形勢而定出吉凶，河圖數理之組合，其重點是生成之數，即「一六、二七、三八、四九」。

以山崗龍而言，當一為正神，則九為零神，四為催神，六為照神。當六為正神，則四為零神，一為照神，九為催神。此即《地理辨正疏》〈卷首〉內卦圖〈一六四九雙雙起〉之口訣。

原文：**地二生火。天七成之。火在南方。故地之二在南。即天之七亦在南。地二當令為正神。即取天七之正神以助之。天七當令為正神。即取地二之正神以助之。而取洛書方位對待之八。與三為零神。此為二七同道。**

繼大師註：以山崗龍而言，當二為正神，則八為零神，七為照神，三為催神。當七為正神，則三為零神，二為照神，八為催神。

原文：**天三生木。地八成之。木在東方。故天三在東。地八亦在東。天三當令為正神。即取地八之正神以助之。地八當令為正神。即取天三之正神以助之。而取洛書方位對待之七。與二為零神，此謂三八為朋。**

繼大師註：以山崗龍而言，當三為正神，則七為零神，八為照神，二為催神。當八為正神，則二為零神，三為照神，七為催神。

原文：**地四生金。天九成之。金在西方。故地四在西。天九亦在西。地四當令為正神。即取天九之正神以助之。天九當令為正神。即取地四之正神以助之。而取洛書方位對面之一。與六為零神。此謂四九為友。**

繼大師註：以山崗龍而言，當四為正神，則六為零神，九為照神，一為催神。當九為正神，則一為零神，四為照神，六為催神。

以上所說，是以數理邏輯為立論基礎，用六十四卦，配合穴前、屋門前，眼所見之山和水定吉凶。

原文：**天五生土。地十成之。土居中央。故天五在中地。十亦在中。為皇極。而寄旺於四方為樞紐。而維繫乎八氣。此謂五十同途。但河圖有理氣。而無方位。有體質。而無運用。至洛書而方位出焉。**

繼大師註：五十屬土居中央，沒有方位，但它所主宰的，是三元九運中之五運，屬中元運，在配合卦象理數方面，以財運為主。

另外，楊公在《都天寶照經》中云：

「都天寶照無人得。逢山踏路尋龍脈。前頭走到五里山。遇著賓主相交接。欲求富貴頃時來。記取鈎松真妙訣。」

楊公所說之「五里山」，正是〈河圖〉所說之「五十同途。」能運用此真傳口訣，則如楊公所說：「欲求富貴頃時來。」

原文：**蓋三元氣運。本於河圖。以天一、地二、天三為上元。以地四、天五、地六為中元。以天七、地八、天九為下元。至於地十。則與天五同在中元耳。**

河圖之理。一生一成生者為正成。即為催成者為正生。即為催。而凡生成之正運者。取其實地。正氣入穴。非取其河道。所謂顛顛倒也。

繼大師註：生數者為一二三四五，成數者為六七八九十，天數者為一三五七九，地數者為二四六八十。這些數理配合卦象，用於卦之流行者為一三七九屬陽，偶數，為卦之陽數也。二四六八屬陰，隅數，為卦之陰數也。洛書中的生成數者為：「一六、二七、三八、四九」。卦之對待者為一九、二八、三七、四六，卦之合十也，適用於龍山向水之配卦法，及山水零正對待以定吉凶之法。

上元一二三運，中元四五六運，下元七八九運，每運廿年，共一百八十年，為一個小三元元運。雖云上中下三元，其實只用上下二元運而矣。

用於上下元運者為一二三四及五運前十年，共九十年為小三元之上元運。五運後十年，及六七八九運，共九十年為小三元之下元運。

在姜垚著《從師隨筆》內提到姜氏隨蔣氏同游，見一老者，道貌岸然，向人乞食，蔣氏邀請老者入其書齋，見羅盤於几上即駁此盤之誤，自取出一羅盤謂是蔣氏親傳，後發覺原來面前者正是蔣大鴻，始知被人欺騙。老者狀態甚為懊喪，後老者乃隨師來姜氏家中住宿始歸，蔣氏授以老者「顛顛倒」一訣，即此「顛倒法」也。

繼大師註解

（二）《洛書精義》—— 蔣大鴻著

原文：**洛書之文。與河圖之數。相為表裏。有河圖而無洛書。則有體而無用。有洛書而無河圖。則有用而無體。蓋論三元氣運。為本乎河圖。而論三元方位。則不外乎洛書矣。**

繼大師註：〈河圖〉是數理邏輯之關係，它是數象理氣，並沒有方位，為元運及六十四卦之數據，以先天卦象，配合〈河圖〉數理，用於卦與卦之間的關係，配合穴地形勢，從而得到妻財子祿及功名富貴。

原文：**夫洛書之數以一對九。為十。以二對八。為十。以三對七。為十。以四對六。為十。以地居四隅。以天居四正。一生一成。相為經緯。一陰一陽。相為交媾。九疇從此生。九宮從此配。九星從此挨。而治國經野之道備焉。**

繼大師註：洛書數配九宮八卦，分出先天卦數及後天卦象，先天配卦，以「乾☰九，兌☱四，離☲三，震☳八。」由南方午位逆時針方向排至北方子位，為陽。再以「巽☴二，坎☵七，艮☶六，坤☷一。」由南方午位順時針方向排至北方子位，為陰。合十數為對宮宮位卦象，「乾☰九對坤☷一，兌☱四對艮☶六，離☲三對坎☵七，震☳八對巽☴二。」為三元外盤六十四卦之內三爻排列原則及次序。

原文：**蓋天一生水。故北方之天一。為上元首運。而河水必取乎南者。蓋北方之水不能自生。必須南方天九之金以生之。又地六成之。故西北之地六為照神。**

繼大師註：一運卦在後天北方屬坎卦☵，先天卦數屬坤☷一，為三元九運之首，一運為正神卦。對宮方為後天南方屬離卦☲，先天卦數屬乾☰九，在一運中為零神。洛書之數為一六共宗，沒有方位，只是卦數關係，六數在後天東北方艮☶位，先天在西北位，卦數屬艮☶六，一運中屬照神。

原文：**地二生火。故西南隅之地二為上元第二運。偏取艮方水者。蓋火不能自生。必須艮方地八之木以生之。又天七成之。故西方之天七為照神。**

繼大師註：以山崗龍而言，二運卦在後天西南方屬坤卦☷，先天卦數屬巽☴二，為上元二運之正神，洛書之二數，其五行屬火，對宮後天東北方屬艮宮☶，先天卦數屬震☳八，為上元二運之零神。洛書數之二七同道，故七運之卦為上元二運之照神。

原文：**天三生木。故正東之天三為上元第三運。偏取兌方水者。蓋木能生火。故用西方天七之火以養之。地八成之。故東北之地八。即為照神。**

繼大師註：以山崗龍而言，三運卦在後天東方屬震卦☳，先天卦數屬離☲三，為上元三運之正神，對宮後天西方屬兌宮☱，洛書之七數，其五行屬火，先天卦數屬坎☵七，為上元三運之零神。洛書數之三八為朋，故八運之卦為上元三運之照神。

原文：**地四生金。故東南之地四為中元首運。偏取乾方水者。蓋金能生水。故用西北地六之水以養之。天九成之。故離方之天九。即為照神。**

繼大師註：以山崗龍而言，四運卦在後天東南方屬巽卦☴，先天卦數屬兌☱四，為中元四運之正神。對宮後天西北方屬乾宮☰，先天卦數屬艮☶六，為中元四運之零神。洛書數之四九為友，故九運之卦為上元四運之照神。

原文：**五十為中央是寄旺也。不必論。**

繼大師註：洛書數之五、十在中宮，五運前十年為四綠運所管，五運後十年為六白運所管。

原文：**地六成之。故乾方之地六。為中元末運。偏取巽方水者。蓋水不能自生。必須巽方地四之金以生之天一生水。故坎方之天一。即為照神。**

繼大師註：以山崗龍而言，六運卦在後天西北方屬乾卦☰，先天卦數屬艮☶六，為中元六運之正神。對宮後天東南方屬巽宮☴，先天卦數屬兌☱四，為中元六運之零神。洛書數之一六共宗，故一運之卦為中元六運之照神。

原文：**天七成之。故兌方之天七為下元之首運。偏取震方水者。蓋火不能自生。必須東方天三之木以生之。地二生火。故坤方之地二。即為照神。**

繼大師註：以山崗龍而言，七運卦在後天西方屬兌卦☱，先天卦數屬坎☵七，為下元七運之正神。對宮後天東方屬震宮☳，先天卦數屬離☲三，為下元七運之零神。洛書數之二七同道，故二運之卦為下元七運之照神。

原文：**地八成之。故艮方地八。為下元中運。偏取西南方水者。蓋木能生火。故用西南地二之火以養之。天三生木。故東方之三木。即為照神。**

繼大師註：以山崗龍而言，八運卦在後天西北方屬艮卦☶，先天卦數屬震☳八，為下元八運之正神。對宮後天西南方屬坤宮☷，先天卦數屬巽☴二，為下元八運之零神。洛書數之三八為朋，故三運之卦為下元八運之照神。

原文：**天九成之。故南方天九。為下元末運。偏取北方水者。蓋金能生水。故取北方天一之水以養之。地四生金。故東南之地四即為照神。**

繼大師註：以山崗龍而言，九運卦在後天南方屬離卦☲，先天卦數屬乾☰九，為下元九運之正神。對宮後天北方屬坎宮☵，先天卦數屬坤☷一，為下元九運之零神。洛書數之四九為友，故四運之卦為下元九運之照神。

大抵四生如孩兒之恃父母。四成如衰老之仗子孫。深言之。為五行相生之體。淺言之。即八卦顛倒之用。明乎河洛之義。更參以先天後天之卦。配之以九宮九星之用。約之以四吉四凶。判之以上中下三元堪輿之秘旨盡矣。

繼大師註：八八六十四卦，分配在三元外盤及內盤內，依「乾☰、兑☱、離☲、震☳、巽☴、坎☵、艮☶、坤☷」的次序排列。以「流行之卦象」而言，則以「乾九、震八、坎七、艮六」屬陽，以「兑四、離三、巽二、坤一」為陰。以「對待之卦象」而言，則以「乾九、坎七、離三、坤一」為陽，「震八、艮六、兑四、巽二」為陰。配合上下二元，分別為四卦吉，四卦凶，以定吉凶。

原文：蓋三元方位。本於洛書。而洛書之文。又不能外乎河圖。河圖之地六。陰也。右轉而居於西北。河圖之地八。亦陰也。右轉而居於東北。即二十四山陰從右轉之理。河圖之天七。陽也。左轉而居於西。河圖之天九。陽也。亦左旋而居於南。即二十四山陽從左旋之理。八卦九宮之方位。不外是也。

繼大師註：三元羅盤外盤六十四卦理氣，由南方午位逆時針方向轉至北方子位，其先天宮位卦象為「乾☰九、兌☱四、離☲三、震☳八」，再由南方午位順時針方向轉至北方子位，其先天宮位卦象為「巽☴二、坎☵七、艮☶六、坤☷一」。先天東北方為「震☳八」，先天西北方為「艮☶六」，正是〈洛書〉中之「六八為足」。

總要熟記先天後天卦之數理，尤其是先天卦配數，及河圖之生成、合十、合五、合十五，以其卦數關係，用於上下二元之小三元運，及上中下三元之大三元運，配合龍、山、向、水，定穴立向，以巒頭為主，配合卦理元運，吉凶定能掌握。

（三）《先後天卦精義》— 蔣大鴻著

原文：**先天八卦。如河圖之有理氣。後天八卦。如洛書之有方位。要之。先後相需為用。而死生禍福之道出焉。蓋分先天四陽卦為上元。**

繼大師註：一、二、三、四為四陽卦，卦屬上元主運。

原文：**如上元一白坎卦當令。則必需離方水者。離乃先天乾位。乾為父。故為第一。而一六共宗。故六白乾為照神。**

繼大師註：以平洋水龍而言，當上元一白後天坎卦☵，先天坤卦☷主運時，後天南方離☲位，為先天乾☰方九數，見水為一運旺水。一六共宗，後天西北乾☰方，先天艮☶六，見山為照神，見水為催神。

原文：**上元二黑坤卦當令。則必需艮方水者。艮為先天震位。震為長男。故為第二。而二七同道。故七赤兌為照神。**

繼大師註：以平洋水龍而言，當上元二黑後天坤卦☷，先天巽卦☴主運時，後天東北方艮☶位，為先天震☳方八數，見水為二運旺水。二七同道，後天西方兌☱位，先天坎☵七，見山為照神，見水為催神。

原文：**上元三碧震卦當令。則必需兌方水者。兌為先天坎位。坎為中男。故為第三。而三八為朋。故八白艮為照神。**

繼大師註：以平洋水龍而言，當上元三碧後天震卦☳，先天離卦☲主運時，後天西方兌☱位，為先天坎☵方七數，見水為三運旺水。三八為朋，後天東北方艮☶位，先天震☳八，見山為照神，見水為催神。

原文：**中元四綠巽卦當令。則必取乾方水者。乾乃先天艮位。艮為少男。故為第四。而四九為友。故九紫離為照神。分先天四陰卦為下元。**

繼大師註：以平洋水龍而言，當中元四綠後天巽卦☴，先天兌☱卦主運時，後天西北方乾☰位，為先天艮☶方六數，見水為四綠運旺水。四九為友，後天南方離☲位，先天乾☰九，見山為照神，見水為催神。

原文：**中元六白乾卦當令。則必取巽方水者。巽乃先天兌位。兌為少女。故為第六。而一六共宗。故一白坎為照神。**

繼大師註：以平洋水龍而言，當中元六白後天乾卦☰，先天主艮卦☶運時，後天東南方巽☴位，為先天兌☱方四數，見水為六白運旺水。一六共宗，後天北方坎☵位，先天坤☷一，見山為照神，見水為催神。

原文：**下元七赤兌卦當令。則必取震方水者。震乃先天離位。離為中女。故為第七。而二七同道。故二黑坤為照神。**

繼大師註：以平洋水龍而言，當下元七赤後天兌卦☱，先天坎卦☵主運時，後天東方震☳位，為先天離☲方三數，見水為七赤運旺水。二七同道，後天西南方坤☷位，先天巽☴二，見山為照神，見水為催神。

原文：**下元八白艮卦當令。則必取坤方水者。坤乃先天巽位。巽為長女。故為第八。而三八為朋。故三碧震為照神。**

繼大師註：以平洋水龍而言，當上元八白後天艮卦☶，先天震卦☳主運時，後天西南方坤☷位，為先天巽☴方二數，見水為八運旺水。三八為朋，後天東方震☳位，先天離☲三，見山為照神，見水為催神。

原文：**下元九紫離卦當令。則必取坎方水者。坎乃先天坤位。坤為母。故為第九。而四九為友。故四綠巽為照神。**

繼大師註：以平洋水龍而言，當下元九紫後天離卦☲，先天乾卦☰主運時，後天北方坎☵位，為先天坤☷方一數，見水為九運旺水。四九為友，後天東南方巽☴位，先天兌☱四，見山為照神，見水為催神。

原文：**蓋上元陽卦。先長而後少。下元陰卦。先少而後長。以少者，均要屬在五黃故也。蓋八卦先天到。而後天不到。其效非神。後天到。而先天不來。其驗莫應。**

繼大師註：中元五黃運前十年歸四運管，中元五黃運後十年歸六運管；每運為廿年，上下二元各管九十年，共一百八十年。

上元陽卦者，收山為一二三四，收水為六七八九。如在上元一運做一運之卦，則當元一運最旺，旺運過後，旺氣漸弱，至五黃運後十年，下元運開始，始失元而漸衰，至行九運煞運始敗。故云：

「先長而後少」。

下元陰卦者，收山為六七八九，收水為一二三四，如在下元六運做下元九運之卦，做後在六運內催旺，是當元，至七、八運漸穩定，至九運則大旺，旺運過後，還有餘氣，未曾衰敗，至行四運照神煞運始敗。故云：

「先少而後長。」

原文：**如坎一當令。收盡離水。是後天到。而先天亦到。有離水而坎方實地。正神百步不為水溝、河道界。斷者是先天到。而後天亦來。餘可例詳。**

繼大師註：後天北方屬坎宮☵，先天為坤☷一，後天南方屬離宮☲，先天為乾☰九，「離☲水」為白氣，「坎☵方實地」為黃氣，切不可在百步之內，在坎☵方出現水溝、河道，犯者皆凶。收山收水，不離黃白二氣也。

原註：《天驚三訣》是天地之祕。卽地理入用之祕。楊曾皆祕而不宣。恐洩天機也。蔣大鴻先生得其訣而著。爲書祕不示人。得者皆有福祿。幸勿輕致犯天律。

繼大師註：其實《天驚三訣》就是《河圖洛書》的秘密，不過使用在風水理氣上而矣！能使用者，有起死回生之作用，話雖如此說，其中有因果在，使用者要替代他人的業力，非一般地師能使用，裏面有山法及水法，力量非同小可。故知其秘訣者要守秘密，天律深嚴，故云：

「非人勿傳，非人勿示。」

《本篇完》

後記——《水法精義》

繼大師

水法中的秘密口訣，決定於理氣，為羅盤上的方位與方向，配合水流屈曲的去向，做就吉凶的尅應。一個城市都會內的水流形態及方向，影響着城市的興旺及未來，可以說是天然生成，人為改動的因數較少，或是偶然改動，觸發衰旺之因。

例如由造陸填海而使城市兩岸的距離相當適合，生氣凝聚內海，因而造就出興旺；當旺運過去，城市內海若再次造陸填海，則內海堂局空間狹窄，生氣未能凝聚，則失運矣，這就是城市的命運。

晉代風水祖師郭璞在温州登上北面山崗頂（郭公山）勘察選址風水，後在甌江南面建城，七都及温州島為下關砂及水口砂，甌江水流入温州灣，灣口有數十個大小島嶼，守護水口。郭璞在甌江南面建城處內，命人挖掘 108 口水井，上應 72 天罡，下應 36 地煞，引水入城，之後居民避過多場戰難，這是另類的水法，現時水井已不復存在。

在元代道家全真派丘長春祖師在新疆特克斯縣建立八卦城，此城位於伊犁河上游的特克斯河谷地東段，距離河道東北方五公里處，側收伊犁河來水，現時為中國新疆維吾爾自治區伊犁哈薩克自治州所管轄的一個縣，至今仍然興旺。開城立局，不離「收逆水」，陰陽二宅亦不離「得水之生氣」，地球山川，水氣孕育大地，為生命之源，西方人不懂得風水之理，不講求水流之形態、方向、方位及位置，這是水法中的口訣，水能載舟，亦能覆舟。

朱元璋祖父朱初一，父親朱世珍，葬於淮河盡結之水龍大地上，成就明朝開國皇帝。楊筠松風水祖師有：「**平洋一突勝千峯**」之說，是指水龍所結之大地，故水法不可忽視。

此書《水法精義》獻給大家，祝願各位讀者能瞭解多一些風水上的水法知識，風水上的向法則以三元理氣為宗。筆者曾著有《地理辨正精華錄》，註解有：《地理辨正疏》、《元空真秘》、《三元地理辨惑》，這些經典都是三元地理向法的精華，未來筆者繼大師將寫出穴法之秘密，名《穴法精義》，補《千金賦說文圖解 ── 穴法真秘》內之不足，這樣「龍、穴、砂、水、向」風水五大法齊備矣。

繼大師寫於香港明性洞天

癸卯年仲夏吉日

《全書完》

榮光園有限公司出版 —— 繼大師著作目錄：

已出版：正五行擇日系列

一《正五行擇日精義初階》二《正五行擇日精義中階》

風水巒頭系列 — 三《龍法精義初階》四《龍法精義高階》

正五行擇日系列 — 五《正五行擇日精義進階》六《正五行擇日秘法心要》

七《紫白精義全書初階》八《紫白精義全書高階》九《正五行擇日精義高階》十《擇日風水問答錄》

風水巒頭系列 — 十一《砂法精義一》十二《砂法精義二》

擇日風水系列 — 十三《擇日風水尅應》十四《風水謬論辨正》

風水古籍註解系列 — 十五《三元地理辨惑》馬泰青著 繼大師標點校對

十六《三元地理辨惑白話真解》馬泰青著 繼大師意譯及註解

風水巒頭系列 — 十七《大都會風水秘典》 十八《大陽居風水秘典》

三元卦理系列 — 十九《元空真秘》原著及註解上下冊（全套共三冊）劉仙舫著 繼大師註解

風水祖師史傳系列 — 二十《風水祖師蔣大鴻史傳》

三元易盤卦理系列 — 廿一《地理辨正疏》蔣大鴻註及傳姜垚註 張心言疏 繼大師註解（全套共上下兩冊）廿二《地理辨正精華錄》

大地遊踪系列 — 廿三《大地風水遊踪》 廿四《大地風水神異》

廿五《大地風水傳奇》與 廿六《風水巒頭精義》限量修訂版套裝（廿五與廿六全套共二冊）

正五行擇日系列 — 廿七《正五行擇日精義深造》

風水古籍註解系列 — 廿八《千金賦說文圖解》 —（穴法真祕）— 劉若谷著 繼大師註解

大地遊踪系列 — 廿九《都會陽居風水精義》 卅《水法精義》

正五行擇日系列 — 卅一《正五行擇日尅應精解》

未出版：

風水祖師史傳系列 — 卅二《風水明師史傳》

大地遊踪系列 — 卅三《穴法精義》 卅四《風水祕義》 卅五《風水靈穴釋義》

卅六《大地墳穴風水》 卅七《香港風水穴地》 卅八《廟宇風水傳奇》 卅九《香港廟宇風水》

四十《港澳廟宇風水》 四十一《中國廟宇風水》

三元卦理系列 — 四十二《三元地理命卦精解》

風水古籍註解系列 — 繼大師註解 四十三《青烏經暨風水口義釋義註譯》

四十四《管虢詩括暨葬書釋義註解》 四十五《管氏指蒙雜錄釋義註解》

四十六《雪心賦圖文解義》（全四冊）

榮光園有限公司簡介

榮光園以發揚中華五術為宗旨的文化地方，以出版繼大師所著作的五術書籍為主，首以風水學，次為擇日學。

風水學以三元易卦風水為主，以楊筠松、蔣大鴻、張心言等風水明師為理氣之宗，以巒頭（形勢）為用，擇日以楊筠松祖師的正五行造命擇日法為主。

為闡明中國風水學問，用中國畫的技法劃出山巒，以表達風水上之龍、穴、砂及水的結構，以國畫形式出版，亦將會出版中國經典風水古籍，加上插圖及註解去重新演繹其神韻。

日後榮光園若有新的發展構思，定當向各讀者介紹。

作者簡介

出生於香港的繼大師，年青時熱愛於宗教、五術及音樂藝術，一九八七至一九九六年間，隨呂克明先生學習三元陰陽二宅風水及正五行擇日等學問，於八九年拜師入其門下。

《水法精義》 繼大師著

出版社：榮光園有限公司 Wing Kwong Yuen Limited
香港新界葵涌大連排道35 - 41號, 金基工業大厦12字樓D室
Flat D, 12/F, Gold King Industrial Bldg. , 35-41 Tai Lin Pai Rd, Kwai Chung, N.T., Hong Kong
電話：(852) 6850 1109
電郵：wingkwongyuen@gmail.com
發行：聯合新零售(香港)有限公司 SUP RETAIL (HONG KONG) LIMITED
地址：香港新界荃灣德士古道220～248號荃灣工業中心16樓
16/F, Tsuen Wan Industrial Centre, 220-248 Texaco Road, Tsuen Wan, NT, Hong Kong
電話：(852) 2150 2100
電郵：info@suplogistics.com.hk
印刷：榮光園有限公司 Wing Kwong Yuen Limited

作者：繼大師
繼大師電郵：masterskaitai@gmail.com
繼大師網誌：kaitaimasters.blogspot.hk

《水法精義》繼大師著
定價：HK$800-
版次：2023年9月第一次版

9789887682622